Johanna Schnabel, Elke Voto

Konzentration fördern

Hilfreiche Tipps, praktische Übungen und wirksame Sofortmaßnahmen für aufmerksames Lernen

Johanna Schnabel studierte Pädagogik bei geistiger Behinderung und Sprachheilpädagogik an der Ludwig-Maximilians-Universität (LMU) in München. Seitdem unterrichtet sie am Förderzentrum mit dem Förderschwerpunkt geistige Entwicklung. Zu ihren besonderen Aufgabengebieten gehören nicht oder nur eingeschränkt lautsprachlich kommunizierende Schüler.

Elke Voto studierte ebenfalls an der LMU München Pädagogik bei geistiger Behinderung und in der Erweiterung Pädagogik bei Verhaltensstörungen. Am Förderzentrum mit dem Förderschwerpunkt geistige Entwicklung unterrichtet sie schwerpunktmäßig Schüler der Grundschulstufe. In ihrer weiteren Tätigkeit im Mobilen Sonderpädagogischen Dienst betreut sie Schüler, die inklusiv beschult werden.

Wir verwenden in unseren Werken eine genderneutrale Sprache, damit sich alle gleichermaßen angesprochen fühlen. Wenn keine neutrale Formulierung möglich ist, nennen wir die weibliche und die männliche Form. In Fällen, in denen wir aufgrund einer besseren Lesbarkeit nur ein Geschlecht nennen können, achten wir darauf, den unterschiedlichen Geschlechtsidentitäten gleichermaßen gerecht zu werden.

2. Auflage 2024

AAP Lehrerwelt GmbH
Veritaskai 3
21079 Hamburg
Telefon: +49 (0) 40325083-040
E-Mail: info@lehrerwelt.de
Geschäftsführung: Andrea Fischer, Sandra Saghbazarian
USt-ID: DE 173 77 61 42
Register: AG Hamburg HRB/126335

Autorschaft:	Johanna Schnabel, Elke Voto
Covergestaltung:	TSA&B Werbeagentur GmbH, Hamburg
Illustrationen:	Katharina Reichert-Scarborough, Stefan Lucas (KV 1: Federmäppchen; KV 13: Knopf, Nudel, Stein; KV 20: Kamm, Kasse, Schal, Mais, Hand, Ziege, Wal, Zwerg, Hase, Tasche, Igel, Nase, Rose), Gunkel/Claessen/El-Khalafawi (KV20: Pferd, Schlüssel), Oliver Wetterauer (KV 20: Herd), Satzpunkt Ursula Ewert GmbH (KV 8: Bastelvorlagen; KV 10: Labyrinth; KV 11: Formen; KV 14: Stapelanleitungen)
Satz:	Satzpunkt Ursula Ewert GmbH, Bayreuth
Druck und Bindung:	Libri Plureos GmbH, Hamburg

ISBN/Bestellnummer: 978-3-403-20480-0
www.persen.de

Inhaltsverzeichnis

Hilfe! Hier kann sich keiner mehr konzentrieren!

Was passiert zu Hause?

Digitales Zusatzmaterial:

Alle Kopiervorlagen (KVs) als PDF und im editierbaren Word-Format

Einleitung

Sich konzentrieren zu können, ist eine Kernkompetenz, die sowohl während der gesamten Schullaufbahn als auch im späteren Leben von großer Bedeutung ist. Gleichzeitig steigt die Zahl der Schüler[1], die genau in diesem Bereich Schwierigkeiten haben.

Kinder durch optimale Rahmenbedingungen auf spielerische Art und Weise in ihrer Konzentrationsfähigkeit zu fördern, ist Ziel dieses Buches. Dazu ist der Inhalt in fünf große Bereiche gegliedert:

Das 1. Kapitel stellt die Frage „Was passiert im Gehirn?“ und beschäftigt sich mit den neurologischen Grundlagen. Dieser kurze Ausflug in die Hirnforschung bildet die Grundlage für den 2. großen Bereich, der der Frage nachgeht „Was passiert in der Schule?“. Hier begegnet uns Konzi, das Konzentrations-Erdmännchen, das die Kinder als Leitfigur sowohl bei den strukturierenden Materialien als auch bei den verschiedensten Konzentrationsübungen begleitet. In diesem Kapitel werden auch zahlreiche Anregungen gegeben, konzentrationsfördernde Materialien im Sinne des Materialgeleiteten Arbeitens[2] in den Unterrichtsalltag zu integrieren oder bereits vorhandene Aufgaben entsprechend zu adaptieren.

Im 3. Bereich wird Konzentration als Unterrichtsinhalt thematisiert und mit den Kindern erörtert „Was passiert bei mir?“. Dabei wird mit dem Konzi-Kegel ein individuelles Reflexionssystem beschrieben, inklusive SOS-Maßnahmen bei nachlassender Konzentration einzelner Kinder, während der Konzi-Rückblick ein Reflexionssystem für die ganze Klasse darstellt.

Der 4. Bereich bietet schnelle Hilfe, wenn die Lehrkraft denkt: „Hilfe! Hier kann sich keiner mehr konzentrieren!“ Die Sofortmaßnahmen sind gegliedert in Übungen für die ganze Klasse, Gruppen- und Partnerübungen. Diese stehen in den Kopiervorlagen in Form von Konzi-Karten zur Verfügung, die einen schnellen Überblick über Konzentrationsziel, Sozialform und Materialaufwand geben, sodass die Übungen blitzschnell eingesetzt werden können.

Im 5. Kapitel „Was passiert zu Hause?“ gibt es zahlreiche Informationen und praktische Tipps, um Eltern in diesem Bereich kompetent beraten zu können.

Die Kopiervorlagen, die im veränderbaren Word-Format problemlos an die eigene Klasse angepasst werden können, machen alle Anregungen sofort umsetzbar. Die Kopiervorlagen sind eingeteilt in *strukturierende Materialien* zur Unterrichtsorganisation, in *Materialien zur Konzentrationsförderung*, die sich zum Materialgeleiteten Arbeiten anbieten, in *Unterrichtsmaterialien* zum Thema Konzentration im Sachunterricht und in die *Konzi-Karten* für die Sofortmaßnahmen. Zusätzlich beinhaltet das Material noch zwei *Bastelanleitungen*.

Hat man das Ziel, seinen Schülern einen Unterricht zu bieten, in dem jedes Kind die bestmöglichen Bedingungen zum konzentrierten Arbeiten hat, bietet dieses Buch das nötige Rüstzeug für ein Unterrichtskonzept, das von der Klassenzimmereinrichtung über die Strukturierung der einzelnen Stunden bis hin zu speziellen Materialien und Maßnahmen Konzentrationsförderung in den Fokus stellt. Natürlich können jederzeit auch einzelne Elemente zur Konzentrationsförderung herausgegriffen und individuell in den eigenen Unterricht integriert werden.

---

[1] Wir sprechen hier wegen der besseren Lesbarkeit von Lehrern bzw. Schülern in der verallgemeinernden Form. Selbstverständlich sind auch alle Lehrerinnen bzw. Schülerinnen gemeint.

[2] Vgl. Johanna Schnabel, Elke Voto: Materialgeleitetes Arbeiten in der Grundschule (Bestell-Nr. 20409), PERSEN Verlag, AAP Lehrerwelt GmbH, Hamburg 2019

1 Neurologische Grundlagen

„Wir stehen an der Schwelle einer Wissensrevolution über das Gehirn und das Zusammenspiel von Körper, Genen und Umwelt" proklamiert die Psychologin und Hirnforscherin Prof. Dr. May-Britt Moser (vgl. Nordengen 2018, 11). Nie zuvor stand so viel Wissen über die Abläufe im Gehirn zur Verfügung, gab es so genaue Einsichten, wie das Gehirn arbeitet. Diese Erkenntnisse wollen wir uns zunutze machen, um herauszufinden, wie wir Kinder ganz praktisch darin unterstützen können, in einen Zustand der Konzentration zu gelangen und diesen auch aufrechterhalten zu können.

1.1 Konzentration als Fokussierung auf ausgewählte Impulse

„Konzentration" ist ein Alltagsbegriff. Jeder, auf jeden Fall jeder, der mit Kindern arbeitet, hat eine ungefähre Vorstellung oder zumindest eine Wunschvorstellung, wie Konzentration aussieht. Trotzdem lohnt es sich, einmal genauer hinzuschauen, was die Wissenschaft unter Konzentration versteht. Der bekannte Neurobiologe Martin Korte, dessen Forschungsschwerpunkte die Grundlagen von Lernen und Gedächtnis sind, definiert Konzentration als „willkürliche Ausrichtung der Aufmerksamkeit auf einen eng begrenzten Ausschnitt der Umwelt unter weitgehender Ausschaltung äußerer und innerer Störfaktoren" (Korte 2011, 51).

Da es sich um eine willentliche, also bewusste, mit dem Willen gesteuerte Tätigkeit handelt, ist Hauptschauplatz der Konzentration das Gehirn. Um nun Maßnahmen der Konzentrationsförderung in der Klasse gezielt einsetzen zu können, ist es hilfreich, einen kurzen Blick darauf zu werfen, was im Gehirn passiert, wenn es heißt: „Konzentration bitte!"

Im Gehirn kommen in jeder Sekunde unzählige Impulse an. Einerseits aus der Umwelt, gefiltert über die Sinnesorgane, aber auch intern aus dem eigenen Körper. So melden die Augen z. B., Jonas vom Nebentisch hat schon die coolen neuen Sneaker, die Ohren teilen mit, Marie möchte von ihrem spannenden Wochenende erzählen, die Nase weiß zu berichten, die Parallelklasse hat gerade Hauswirtschaft, und der Magen lässt das Gehirn wissen, etwas zu essen wäre jetzt auch nicht schlecht. Und dann gilt es auch noch, den Erklärungen der Lehrperson an der Tafel zu folgen. Korte spricht von einem unvorstellbaren Datentransfer an das Gehirn von 100 Megabyte pro Sekunde (vgl. Korte 2011, 38).

Eine wichtige Voraussetzung für Konzentration ist demnach, Reize oder aufkommende Gefühle ausblenden zu können. Dafür hat das Gehirn zwei Möglichkeiten zur Verfügung: Erstens werden die Daten von den Sinnesorganen bis hin zu den höheren Gehirnarealen, also von „unten nach oben", immer weiter gefiltert, sodass uns gar nicht alle Impulse bewusst werden, wobei neue, unbekannte oder auch unerwartete Reize immer Vorrang vor bereits bekannten haben. Zweitens werden die Daten auch von „oben nach unten" vorstrukturiert, indem hierarchisch höherstehende Gehirnareale bewerten, welche der eintreffenden Reize überhaupt weiterbearbeitet werden (vgl. Korte, 2011, 38). Ein Kind muss also die bewusste Entscheidung treffen: „Ich konzentriere mich jetzt auf den Unterricht und ignoriere alle anderen eintreffenden Impulse."

1.2 Konzentrationsfähigkeit und Kapazität des Arbeitsgedächtnisses

Wie gut Konzentration gelingt, hängt vor allem vom Arbeitsgedächtnis ab. Dieses fungiert als eine Art Zwischenspeicher, der den simultanen Zugriff auf Informationen ermöglicht, die zum Erfassen einer Situation, zum Lösen komplexer Aufgaben und zur Aneignung neuen Wissens gerade gebraucht werden (vgl. Stenger 2014, 20).

Die Kapazität des Arbeitsgedächtnisses gibt an, auf wie viele Informationen sich eine Person gleichzeitig konzentrieren kann. Eine größere Kapazität bietet vor allem zwei Vorteile: Kann man sich gleichzeitig auf verschiedene Informationen konzentrieren, können sie auch zueinander in Beziehung gesetzt werden, erst so werden Zusammenhänge deutlich und Schlussfolgerungen möglich. Zweitens ermöglicht eine größere Kapazität ganz allgemein ein konzentrierteres Arbeiten. Wenn bei der Gesamtmenge an Informationen, die ein Schüler gleichzeitig präsent halten kann, noch ein Platz frei ist, kann er den akustischen Reiz einer Baustelle vor dem Fenster wahrnehmen und sich trotzdem weiterhin auf seine Aufgabe konzentrieren, ohne dass das Arbeitsgedächtnis gleich überlastet ist oder die Aufmerksamkeit ganz abschweift.

Die Kapazität des Arbeitsgedächtnisses hängt einerseits mit der fluiden Intelligenz zusammen (vgl. Intelligenzmodell von Raymond Cattell 1971), andererseits spielt auch das Alter eine wichtige Rolle. So kommt es in der Regel im sechsten Lebensjahr zu einer Steigerung der Fähigkeit, verschiedene Informationen gleichzeitig bereitzuhalten und miteinander in Beziehung zu setzen (vgl. Hasselhorn 2005, 83). Dies zeigt sich z. B. daran, dass Kinder dann in der Lage sind, Kopfrechenaufgaben zu lösen, lange Sätze zu verstehen und komplexe Handlungsketten nachzuvollziehen. Aber selbst ein 14-jähriger Schüler ist noch nicht imstande, sich so lange zu konzentrieren wie ein 18-Jähriger, und erst mit 25 Jahren erreicht das Arbeitsgedächtnis seine größte Leistungsfähigkeit (vgl. Korte 2011, 49). Aber selbst bei voll ausgereiftem Arbeitsgedächtnis bleibt die Kapazität beschränkt. Verschiedene Studien kamen zu dem Ergebnis von etwa sieben plus/minus zwei Inhalten, die man gleichzeitig aktiviert halten kann (vgl. Spitzer 2007, 5).

Auch die Konzentrationsdauer ist stark altersabhängig. Möchte man im Unterricht konzentriert arbeitende Kinder, muss man berücksichtigen, dass sich 6-Jährige im Durchschnitt 15 Minuten konzentrieren können. Das klingt erst einmal nach einer sehr kurzen Zeitspanne. Aber bedenkt man, dass sich ein Kleinkind nur wenige Minuten am Stück konzentrieren kann, ist eine Viertelstunde schon eine beachtliche Leistung des kindlichen Gehirns, auch wenn dies von einem typischen Schultag in der Regel nicht berücksichtig wird. Bei 9-Jährigen liegt der Durchschnitt bei 20 Minuten und bei 11-Jährigen geht man von einer halben Stunde durchgehender Konzentration aus (vgl. Korte 2011, 53). Hat man Kinder mit Entwicklungsverzögerungen in der Klasse, muss man den Anspruch an die Dauer, die ein Kind überhaupt aufgrund seiner Gehirnreifung in der Lage ist, wirklich konzentriert zu arbeiten, entsprechend nach unten korrigieren.

Oft ist es also nicht dem Desinteresse des Kindes geschuldet, wenn es dem Unterricht nicht mehr folgt, sondern schlichtweg seiner altersgemäßen Konzentrationsfähigkeit. Hier sind Rhythmisierung und ein sinnvoller Umgang mit Pausen die Zauberformel. Anregungen, wie die Gestaltung des Schultages bzw. der einzelnen Schulstunde dem kindlichen Konzentrationsvermögen gerecht wird, finden sich im Kapitel 3.2.

1.3 Aufmerksamkeit als Voraussetzung für Konzentration

„Konzentration ist die Kunst, dort zu sein, wo man ist." Das bekannte Zitat von Andreas Tenzer verdeutlicht noch einmal die Bedeutung der Fokussierung auf die Impulse, die gerade wichtig sind. Welche Reize als wichtig angesehen werden, ist einerseits eine emotionale Entscheidung, sodass auch Motivation eine wichtige Rolle bei der Konzentration spielt (vgl. Kap. 4.1). Andererseits ist die Aufmerksamkeit eine wesentliche Komponente der Konzentration. Denn erst wenn es ein Reiz durch beide Filtersysteme ins Bewusstsein geschafft hat, also meine Aufmerksamkeit erregt hat, kann ich mich darauf konzentrieren.

Aufmerksamkeit wird unterschieden in allgemeine Aufmerksamkeit (Vigilanz) und selektive Aufmerksamkeit (vgl. Korte 2011, 47 f.) und beide sind wichtig für die Konzentrationsfähigkeit. Eine Steigerung der *allgemeinen Aufmerksamkeit* führt zu einer generellen Aktivierung des Gehirns. Der Botenstoff Noradrenalin wird ausgeschüttet und sendet das Signal „Aufwachen!" an das Gehirn mit der Folge einer zunehmenden Leistungsfähigkeit der Wahrnehmung und des Lernvermögens. Insofern ist ein gewisser Grad an Anspannung vor einer Testsituation durchaus förderlich. Zu viel Aufregung ist allerdings schädlich für die allgemeine Aufmerksamkeit und die Leistungsfähigkeit nimmt ab. Gefördert wird die allgemeine Aufmerksamkeit z. B. durch Reaktionsspiele, körperbezogene Spiele und Massagen, wie sie in Kapitel 6 beschrieben werden.

Die *selektive Aufmerksamkeit* spielt eine wesentliche Rolle bei der Entscheidung, auf welche der vielen einströmenden Reize ich mich konzentrieren möchte. Sie beschreibt die Fähigkeit, einer bestimmten Wahrnehmung eine hohe Priorität zuzuordnen, sich einem Sachverhalt also ganz zuzuwenden und andere Sachverhalte auszublenden (vgl. Spitzer 2007, 141). Im vorangegangenen Kapitel haben wir gesehen, dass gerade bei Grundschulkindern die Kapazität des Arbeitsgedächtnisses stark begrenzt ist. Umso wichtiger ist es, dass Kinder lernen, ihre Aufmerksamkeit selektiv einzusetzen, sodass sie sich zu einem bestimmten Zeitpunkt ausschließlich auf die gerade relevanten Informationen konzentrieren können. Das ist gar nicht so leicht. Zwar nehmen wir nie alle Details unserer Umgebung wahr, aber es ist schwer, das Wahrnehmungssystem daran zu hindern, so viel wie nur irgendwie möglich wahrzunehmen. Braucht ein Kind gerade seine ganze zur Verfügung stehende Kapazität des Arbeitsgedächtnisses, um die vier Informationen, die in einer Textaufgabe stecken, miteinander in Beziehung zu setzen und genau in diesem Moment geht die Meldung ans Gehirn, Finn hat Jusuf unter dem Tisch getreten, bedarf es einer enormen Anstrengung des kindlichen Willens, die selektive Aufmerksamkeit weiterhin auf die Mathematikaufgabe zu richten und nicht zu verfolgen, ob es gleich zu einem handfesten Streit kommt.

Hilfreich ist es, wenn Kinder beim Lernen in genau dem richtigen Maß gefordert sind, damit ihre Aufmerksamkeit nicht abschweift. Wird die Lernaufgabe als herausfordernd und damit interessant betrachtet, fällt es dem Kind leichter, sich ganz darauf zu konzentrieren und alle anderen Reize zu ignorieren. Dabei muss berücksichtig werden, dass das Gehirn Lernaufgaben dahingehend bewertet, ob es glaubt, sie lösen zu können oder nicht (vgl. Korte 2011, 42). Wichtig ist also die subjektive Einschätzung des Kindes. Eine zu einfache Aufgabe wirkt sich im Gehirn genauso aus wie eine zu schwierige: Die *selektive Aufmerksamkeit* wird abgeschaltet, das Gehirn unterscheidet nicht mehr zwischen für die Aufgabe wichtigen oder unwichtigen Reizen und die Konzentration ist dahin. Eine Möglichkeit, jedem Kind die Aufgaben anzubieten, die gerade individuell passend sind, und dabei weder den Überblick noch ein vernünftiges Maß bezüglich der Vorbereitungszeit zu verlieren, zeigt das Kapitel 4.2.

1.4 Ursachen für mangelnde Konzentration

Korte spricht von äußeren und inneren Störfaktoren (vgl. Kap. 1.1), die vom Gehirn weitgehend ausgeschaltet werden müssen. Möchte man die Schüler in ihrer Konzentration unterstützen, lohnt es sich, einen Blick auf diese Störfaktoren zu werfen, um sie von vornherein möglichst gering zu halten. Neben der im vorangegangenen Kapitel beschriebenen Problematik der Unter- und Überforderung und der altersabhängigen Entwicklung der Konzentrationsdauer sind sensorische (äußere) und emotionale (innere) Ablenkungen, die einen Platz in der begrenzten Kapazität des Arbeitsgedächtnisses ergattern möchten, die Hauptursachen für mangelnde Konzentration.

Um sensorische Ablenkungen zu minimieren, hat man als Lehrperson vor allem Einfluss auf akustische und visuelle Reize. Naheliegend ist natürlich eine nähere Betrachtung des Geräuschpegels, den man zumindest innerhalb des Klassenzimmers beeinflussen kann. Auch wenn man auf eine wünschenswerte, optimale räumliche Ausstattung mit Schallschutzdecken und Teppichboden vielleicht verzichten muss, kann man zumindest über die gemeinsame Erarbeitung von konzentrationsfördernden Gesprächsregeln und durch allgemeines konzentrationsförderndes Verhalten im Klassenzimmer die akustische Ablenkung so gering wie möglich halten. Dies kann bei einer Behandlung des Themas Konzentration im Sachunterricht erfolgen (vgl. Kap. 5.3) und über den „Konzi-Rückblick", ein Reflexionssystem für die ganze Klasse (vgl. Kap. 5.4), regelmäßig gemeinsam kontrolliert werden.

Um visuelle Ablenkungen zu vermeiden, hilft ein aufgeräumtes, nicht überfülltes Klassenzimmer mit einer klaren Struktur und eine angeleitete Ordnung auf den Schülertischen. Dass bestimmte Schüler nicht neben dem Fenster, sondern möglichst in Tafelnähe einen Platz finden sollten, erklärt sich von selbst. Sehr gute Anregungen zur Strukturierung finden sich z.B. im TEACCH-Ansatz, der in Kapitel 3 näher beschrieben wird.

Emotionale Ablenkungen sind schwieriger zu beeinflussen. Viele Kinder kommen mit einem ganzen Päckchen an Herausforderungen an ihr seelisches Gleichgewicht in die Schule. Nimmt die Lehrkraft tief greifende Familienkonflikte wahr, z.B. aufgrund häufiger Streitereien oder gar Trennung der Eltern, oder traumatische Erfahrungen durch seelische oder körperliche Misshandlungen bis hin zu den teils dramatischen Erfahrungen, die viele Kinder, die aus anderen Ländern zu uns geflüchtet sind, bereits erleben mussten, ist der einzige Weg, sich die Grenzen des eigenen Aufgabenfeldes bewusst zu machen und das Gespräch mit dem Schulpsychologen oder dem Schulsozialdienst zu suchen. Andere innere Ablenkungen, wie z.B. Streit in der Pause, können ebenfalls bei der gemeinsamen Erarbeitung von Konzentration als Unterrichtsthema aufgegriffen werden. Oft sind die Kinder bei der Suche nach Lösungen ungemein kreativ. Anregungen bietet aber auch Kapitel 5.3.

Ein wahrer Teufelskreis der Konzentrationsstörung kann entstehen, wenn Kinder, die sowieso schon Schwierigkeiten bei der Konzentration haben, sei es aufgrund von AD(H)S oder anderer physischer/psychischer Beeinträchtigungen, mit der Zeit auch noch das Selbstbild entwickeln, sich nicht konzentrieren zu können. Die häufige Rückmeldung, trotz aller Anstrengung im Bereich der Konzentration den Anforderungen nicht zu genügen, lässt die Kinder früher oder später resignieren. Sie versuchen gar nicht mehr, ihre *selektive Aufmerksamkeit* entsprechend auszurichten, und werden dadurch ein weiteres Mal in ihrer Ansicht bestärkt: „Konzentriert arbeiten – das kann ich nicht!"

Dieses ungünstige Selbstbild aufzubrechen, ist keine leichte Aufgabe und bedarf je nach Ausprägung der Zusammenarbeit mit einem Kinder- und Jugendpsychologen. Doch auch im Unterricht lassen sich einige Maßnahmen umsetzen, um diese Kinder bestmöglich zu begleiten. Hierzu zählen z.B. das „Super-Konzi-Ritual" (vgl. Kap. 3.2.4) und richtiges Loben, das die intrinsische Motivation ankurbelt (vgl. Kap. 4.1.4) und das auch den Eltern vermittelt werden sollte (vgl. Kap. 7.1).

Die ganze Klasse profitiert von der Thematisierung von Konzentration im Sachunterricht, verbunden mit verschiedenen Reflexionsangeboten (vgl. Kap. 5.4). Denn erst durch das Verständnis, wie Konzentration funktioniert, können Kinder die eigene Konzentrationsfähigkeit objektiv reflektieren, sich überlegen, was sie selbst für eine gute Konzentration tun können und so nach und nach ihre Konzentration verbessern.

Kurz & knapp:

- Konzentration als bewusste Entscheidung des Gehirns, Unwichtiges auszublenden
- Abwechslung schafft Aufmerksamkeit
- Kinder haben eine begrenzte Kapazität des Arbeitsgedächtnisses und eine begrenzte Konzentrationsspanne.
- allgemeine Aufmerksamkeit = generelle Aktivierung des Gehirns
- selektive Aufmerksamkeit = Konzentration auf ausgewählte Impulse
- Reduktion von inneren und äußeren Störfaktoren

2 Konzi, das Konzentrations-Erdmännchen, als Leitfigur

Bei der Arbeit mit unserem Konzentrationskonzept begegnet den Kindern immer wieder Konzi, das Konzentrations-Erdmännchen. Durch den hohen Wiedererkennungswert bietet Konzi den Kindern Sicherheit als konstante Figur. So findet sich Konzi auf den Strukturierungskarten, wie z. B. dem visualisierten Tagesplan (vgl. Kap. 3.2.2) und den Ritualkarten, im Reflexionssystem (vgl. Kap. 5.4) und auf den Materialien zur Umsetzung der Sofortmaßnahmen (vgl. Kap. 6). Bei der Erarbeitung von Konzentration als Unterrichtsthema (vgl. Kap. 5) spielt Konzi in den Geschichten eine zentrale Rolle. So wissen die Kinder bald, immer wenn Konzi auftaucht, geht es um Konzentration.

Gerade jüngere Kinder freuen sich, wenn ihnen das Erdmännchen in Form einer Handpuppe die Inhalte nicht nur erklärt, sondern auch vormacht. Auch Feedback wird von einer Handpuppe, die vielleicht auch mal selbst einen Fehler macht und von den Kindern auf Augenhöhe wahrgenommen wird, oft leichter angenommen.

Abb. 1: Konzi

Kurz & knapp:

➤ Konzi als Identifikationsfigur auf Augenhöhe

3 Konzentrationsförderung durch Struktur

Im Laufe eines Schultages strömen auf die Kinder eine Vielzahl von Reizen ein. In Kapitel 1.1 war von 100 Megabyte in der Sekunde die Rede. Bedenkt man die noch beschränkte Kapazität des Arbeitsgedächtnisses (vgl. Kap. 1.2), ist es umso wichtiger, den Schülern durch eine klare, vertraute Struktur die Konzentration auf das gerade Wichtige zu erleichtern und unnötige Ablenkungen der *selektiven Aufmerksamkeit* durch äußere Reize zu vermeiden.

Sehr gute Anregungen zur Strukturierung des Raumes, des Tages und von Arbeitsabläufen finden sich im TEACCH-Ansatz, der aus einem Forschungsprojekt im Jahr 1996 in den USA entstanden ist und sich seit dieser Zeit gerade an Förderzentren weit verbreitet hat. TEACCH steht für „Treatment and Education of Autistic and related Communication handicapped Children“ und meint die pädagogische Förderung autistischer und kommunikationsbeeinträchtigter Kinder. Elemente dieses Ansatzes haben sich in der Praxis auch für Kinder mit Aufmerksamkeits- und Konzentrationsschwierigkeiten als hilfreich erwiesen und werden deshalb zunehmend auch für den Regelschulbereich interessant.

Es handelt sich um ein umfassendes Programm, das grundlegende institutionelle und konzeptionelle Aspekte beinhaltet. An dieser Stelle wird jedoch nur auf das „Structured Teaching“ (vgl. Häußler 2008, 11 f.) Bezug genommen, welches für den Unterricht besonders bedeutsam ist. Kurz zusammengefasst, zielt dieses pädagogische Konzept darauf ab, Lern- und Alltagssituationen gezielt und individuell abgestimmt zu strukturieren, wie es vor allem auch zur Unterstützung der *selektiven Aufmerksamkeit* relevant ist.

3.1 Raumstruktur

In der pädagogischen Arbeit ist es das Ziel der Strukturierung des Raumes, die Aufmerksamkeit auf das Wesentliche zu richten und ein Abschweifen der Konzentration durch ein Zuviel an äußeren Reizen zu vermeiden. Was aber unter einem Zuviel zu verstehen ist, welcher Grad an Strukturierung also notwendig ist, hängt von der jeweiligen Klasse bzw. von den individuellen Bedürfnissen einzelner Schüler ab.

3.1.1 Das Ideal der leeren Fläche (KV 1)

Kommt man in ein Grundschulklassenzimmer, ist „bunt“ häufig der erste Sinneseindruck. Die Wände werden von Kunstwerken der Kinder geschmückt, neben der Aufreihung der bereits gelernten Buchstaben, Zahlen, Rechtschreibregeln und sonstigen Merksätzen befindet sich noch ein Geburtstagskalender, eine Ausstellung zum letzten Projekt, Fotos vom Sommerfest und jahreszeitliche Deko. All das vermittelt eine fröhliche Atmosphäre. Doch ruft man sich die neurologischen Grundlagen der Konzentrationsfähigkeit in Erinnerung, muss man bedenken, dass bei dem einen Teil der Kinder diese gut gemeinte Klassenzimmerdekoration es nach einiger Zeit der Gewöhnung gar nicht mehr durch das Filtersystem ins Bewusstsein schafft, da das Gehirn ja vor allem auf neue Reize reagiert. Dann ist es zwar schade für den ganzen Bastelaufwand, die Konzentrationsfähigkeit ist aber nicht weiter betroffen. Doch prekär wird es für die Kinder, deren Filtersystem nicht so einwandfrei funktioniert. Ihnen wird es schwerfallen, all das Drumherum auszublenden und zu entscheiden, auf was sie sich eigentlich konzentrieren sollen. Die Kapazität ihres Arbeitsgedächtnisses ist schnell erschöpft und effektive Konzentration nicht möglich. Diese Kinder brauchen leere Flächen, um ihrer *selektiven Aufmerksamkeit* die Fokussierung auf die Lehrperson, die Tafel oder die zu erledigende Aufgabe zu erleichtern.

Doch wohin mit den vielen Materialien, die für den Unterricht, nicht zuletzt für das Materialgeleitete Arbeiten (vgl. Kap. 4.2), notwendig sind? Hier bieten sich geschlossene Schränke an, die nur bei Bedarf geöffnet werden. Dies ist gleichzeitig ein Signal für die Kinder: Die Schränke mit dem Freiarbeitsmaterial sind offen, also darf ich mir jetzt etwas nehmen. Ideal wäre es natürlich, wenn für jeden Lernbereich ein eigener Schrank oder zumindest ein eigener Schrankbereich zur Verfügung steht, sodass den Kindern die Orientierung und das Ordnunghalten erleichtert wird.

Natürlich soll aus dem Klassenzimmer kein steriler, seelenloser Raum werden. Aber ein kritischer Blick lohnt sich, um zu entscheiden, was für die Klasse wirklich notwendig ist, was einfach nur noch aus Gewohnheit dort hängt und was nur ausgestellt ist, weil es für Besucher nett aussieht. Vielleicht wäre es ein Kompromiss, einen Bereich festzulegen, der für wechselnde Ausstellungen der Kinderkunstwerke oder der wichtigsten Merksätze reserviert ist. Hier haben sich Stellwände bewährt, die gleichzeitig eine Ecke des Klassenzimmers abtrennen, die dann als Ruhezone (vgl. Kap. 5.3.5) oder für besonders konzentriertes Arbeiten (vgl. Kap. 3.1.2) dienen kann.

Das Ideal der leeren Fläche gilt auch für die Schülertische. Für Kinder, die Schwierigkeiten bei der Konzentration haben, ist es sehr hilfreich, wenn sich auf ihrem Tisch nur das befindet, was sie aktuell für das Fach bzw. die gerade anstehende Aufgabe brauchen. Die ganze Klasse ist dankbar, wenn ein Kramen in den Schultaschen, um noch schnell das richtige Heft zu holen, während des Unterrichts vermieden und der Geräuschpegel somit niedrig gehalten wird.

In der Praxis hat sich gezeigt, dass es effektiver ist, anstatt zu Beginn der Unterrichtseinheit nur verbal anzusagen (und dreimal wiederholen zu müssen), welche Materialien die Kinder zurechtlegen sollen, entsprechende Materialkarten an die Tafel zu hängen. Im Sinne der Strukturierung ist es sinnvoll einen Bereich der Tafel, z. B. einen der beiden äußeren Tafelflügel, ganz für die Konzentrationsförderung zu reservieren. Hier kann auch wieder Konzi, das Konzentrations-Erdmännchen, in Aktion treten (vgl. Abb. 2), indem es verkündet: „Du brauchst:“ und die Lehrperson die entsprechenden Materialkarten dazuhängt. In den Kopiervorlagen (vgl. KV 1) befinden sich die Materialkarten im veränderbaren Word-Format, die individuell an die Bedürfnisse der eigenen Klasse angepasst werden können.

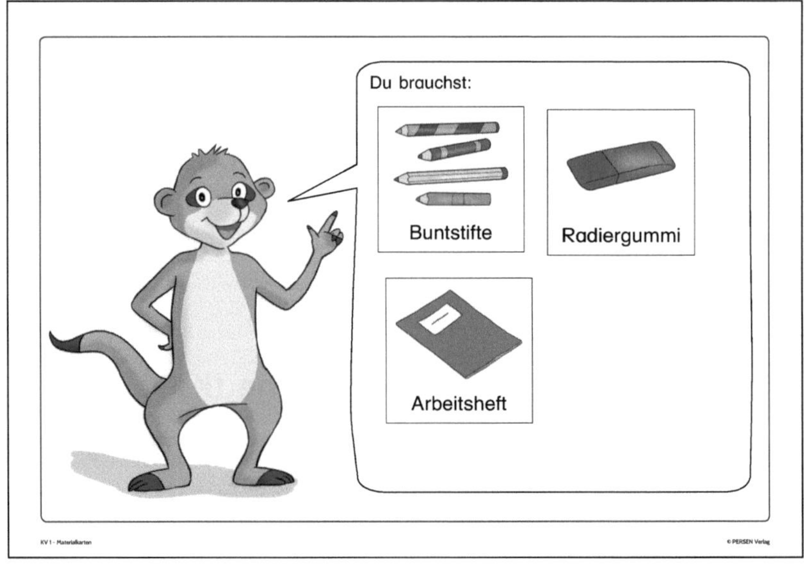

Abb. 2: Materialkarten (KV 1)

Die beschriebene Strukturierung der Arbeitsmaterialien ist sicher für die ganze Klasse sinnvoll. Doch gibt es auch Kinder, die nicht damit zurechtkommen, wenn sie zu Beginn der Unterrichtsstunde alle benötigten Materialien bereits auf dem Tisch haben. Sie benötigen darüber hinaus eine weitere Strukturierung, z. B. für jede gerade anstehende Aufgabe. Dann kann man die Kopiervorlage auch im kleineren Format ausdrucken, laminieren und auf dem Schülertisch befestigen. Mit Klettpunkten versehen lassen sich die Materialkarten schnell austauschen, sodass die gerade aktuellen Materialien ohne großen Aufwand für das Kind individuell visualisiert werden können.

Hat das Kind nun alle benötigten Materialien hergerichtet, schafft es aber immer noch, auf seinem Tisch ein ablenkendes Chaos zu generieren, geben Klebestreifen Orientierung, wo etwas hingelegt werden soll. Bei dieser Maßnahme ist eine spielerische Einführung wichtig, damit die strukturierende

Hilfestellung nicht stigmatisierend wirkt und von dem Kind auch angenommen werden kann. Die Akzeptanz ist deutlich größer, wenn die Klebestreifen auf dem Tisch einen Parkplatz markieren, auf dem Schere, Kleber und Co. parken, bis es Zeit für ihren Einsatz ist.

Dass für die ganze Klasse die Regel gilt, alle Arbeitsmaterialien in einem brauchbaren Zustand mitzubringen, sodass niemand während des Unterrichts Stifte spitzen muss, ist selbsterklärend.

3.1.2 Sitzordnung

Wie bereits erwähnt, können manche Kinder ihre Umgebung regelrecht ausblenden, für andere Kinder ist es sinnvoll, wenn sie einen geraden Blick auf die Tafel haben und sich ansonsten möglichst wenig in ihrem Blickfeld befindet. Dies hat natürlich Konsequenzen für die Sitzordnung. So sollte es immer auch Tische geben, die frontal zur Tafel hin ausgerichtet sind. Natürlich muss man deswegen auf vielfältige Arbeits- und Sozialformen nicht verzichten. Besonders praktisch ist es, wenn die Tische flexibel zu Gruppentischen zusammengeschoben oder für frontale Phasen in Tafelausrichtung angeordnet werden können.

Ist dies nicht möglich, ist es sinnvoll, verschiedene Arbeitsplätze anzubieten. Gerade junge oder motorisch unruhige Kinder freuen sich, wenn sie phasenweise auf einem Sitzball oder zumindest auf einem luftgefüllten Balancekissen, bei dem das Gleichgewicht immer wieder neu austariert werden muss, sitzen dürfen. So wird ihrem Bewegungsdrang Rechnung getragen, ohne dass sie durch unruhiges „Herumturnen" negativ auffallen. Muss sich das Gehirn nicht mit Signalen des Körpers beschäftigen, dass das lange Stillsitzen langsam zur Zumutung wird, ist wieder Kapazität frei für die eigentlichen Aufgaben, auf die es sich zu konzentrieren gilt.

Auch das Anbieten eines Stehtisches, an dem einzelne Kinder für eine gewisse Zeit arbeiten dürfen, wenn sie nicht länger still sitzen können, hat sich in der Praxis bewährt. Wichtig ist allerdings, dass dies nie als Strafe empfunden wird. Wird dieser besondere Arbeitsplatz, der für ablenkungsfreies, konzentriertes Arbeiten gegebenenfalls auch von einer Stellwand abgetrennt sein kann (vgl. Kap. 3.1.1), z. B. als „Büro" eingeführt, ist er von Anfang an positiv besetzt. Dort zu arbeiten, sollte immer nur ein Angebot sein. Wurde Konzentration bereits als Unterrichtsthema behandelt (vgl. Kap. 5) und haben die Kinder mit der Zeit Übung ihre aktuelle Konzentrationsfähigkeit selbst einzuschätzen (vgl. Kap. 5.4), kann die Initiative, dort arbeiten zu wollen, auch vom Schüler selbst ausgehen.

Für neuen Aufmerksamkeitsschub sorgt auch der Wechsel auf einen Bodenarbeitsplatz. Sei es, dass gewisse Aufgaben während des Materialgeleiteten Arbeitens (vgl. Kap. 4.2) immer auf dem Boden ausgeführt werden, vor allem wenn dafür viel Platz benötigt wird, oder dass die Regel gilt, dass man sich für Leseaufgaben bei Belieben einen Platz auf dem Boden suchen darf. Damit auch das Arbeiten auf dem Boden strukturiert abläuft, bieten sich Teppichfliesen an, die für jedes Kind den Arbeitsbereich klar abgrenzen.

Kurz & knapp:

- bewusste Auswahl der Klassenzimmerdekoration
- geschlossene Schränke statt offene Regale
- Stellwände zur Abgrenzung von Arbeitsräumen
- Materialkarten für Ordnung auf dem Tisch
- unterschiedliche Arbeitsplätze anbieten

3.2 Tagesstruktur

In Kapitel 1.2 haben wir gesehen, dass von Grundschulkindern im Durchschnitt eine Phase konzentrierten Arbeitens von 15 bis 20 Minuten zu erwarten ist. Möchte man dies im Unterricht berücksichtigen, kommt man nicht umhin, sich um eine rhythmisierte, konzentrationsfördernde Tagesstruktur Gedanken zu machen.

3.2.1 Fließender Beginn

Am Morgen betreten die Kinder alle zu unterschiedlichen Zeiten das Klassenzimmer. Bis der Unterricht offiziell beginnt, gilt es, die „Vorviertelstunde" einerseits sinnvoll zu nutzen, andererseits, im Sinne der Konzentrationsförderung, das Entstehen einer zu großen Unruhe zu vermeiden. Schließlich ist es für die Kinder schwierig, vom aufgeregten Spiel mit den Klassenkameraden, bei dem es vielleicht schon den ersten Streit gab, mit dem Gongschlag auf konzentriertes Arbeiten umzuschalten.

Beide Ziele lassen sich erreichen, wenn der Schultag mit Materialgeleiteten Arbeiten (vgl. Kap. 4.2) beginnt. Da jeder Schüler bei diesem Konzept selbstständig zu arbeiten anfängt, sobald er am Morgen das Klassenzimmer betritt, ergibt sich ein fließender Beginn und das Warten, bis endlich alle da sind, erübrigt sich.

Darüber hinaus hat das morgendliche Materialgeleitete Arbeiten den Vorteil, dass die Kinder individuell passende, motivierende Aufgaben bearbeiten, es also weder zu Über- noch zu Unterforderung kommt (vgl. Kap. 4.1.2). Somit haben sie bereits am Morgen erste Erfolgserlebnisse und starten so zufrieden und voll Tatendrang in den Tag.

3.2.2 Morgenstehkreis mit visualisiertem Tagesplan (KV 2 + KV 3)

Nach diesem individuellen Beginn bietet sich ein Morgenkreis an, um den Schultag auch gemeinsam als Klasse zu starten. Allerdings ist es aufwendig und je nach Alter bzw. Verhalten der Kinder mitunter nicht ganz einfach, wenn alle ihren Stuhl in den Morgenkreis tragen sollen. Im Sinne der Rhythmisierung hat sich für die kurze Dauer des Morgenkreises ein Stehkreis bewährt. Auf ein akustisches Signal hin, je nach Alter und Vorlieben der Kinder eine Spieluhr, eine Glocke oder ein Lied vom CD-Player, räumen alle ihre Aufgaben auf und stellen sich auf ihren Platz im Kreis, der, wenn es die räumlichen Bedingungen zulassen, idealerweise vor der Tafel stattfindet. Feste Plätze im Kreis haben den Vorteil, dass das nicht gerade konzentrationsfördernde Gerangel, wer neben wem stehen darf, entfällt. Haben einzelne Kinder Schwierigkeiten, sich ihren Platz zu merken, bietet sich der Kunstunterricht an, um für alle Schüler Fußabdrücke zu erstellen und beschriftet und laminiert auf den Boden zu kleben. So kommt es nicht zu einer „Besonderung" der Kinder, die diese visuelle Strukturierung besonders brauchen.

Nach einem gemeinsamen Lied (gemeinsames Singen fördert nicht nur den Gruppenzusammenhalt, sondern darüber hinaus auch die allgemeine Aufmerksamkeit und damit die Konzentrationsfähigkeit (vgl. Spitzer 2007, 189)) wird besprochen, was die Klasse heute erwartet. Sicherheit bezüglich der Tagesplanung zu haben, entlastet gerade sozial unsichere Kinder, die so ihre Ressourcen gewinnbringender, z. B. für bessere Konzentration, einsetzen können, anstatt sich Gedanken machen zu müssen, was noch alles auf sie zukommt.

Wird ein visualisierter Tagesplan verwendet (vgl. Abb. 3), bei dem für jede Aktivität eine Karte an die für die Konzentrationsförderung reservierte Tafelseite geheftet wird, kann die Moderation auch bald von einem Schüler übernommen werden. Nicht immer nur der Lehrkraft zuhören zu müssen, erhöht die Konzentration, da der neue Sprecher einen neuen Reiz darstellt und das Gehirn auf alles Neue mit erhöhter Aufmerksamkeit reagiert.

Auch Konzi, das Konzentrations-Erdmännchen, kann hier wieder eine Rolle spielen, wenn es, ähnlich wie bei den Materialkarten, verkündet „Das machen wir heute:“ und die einzelnen Schilder daruntergehängt werden (vgl. KV 2). Ist die entsprechende Aktivität vorbei, wird das Schild umgedreht. Diesen Dienst kann das Kind übernehmen, das in der Früh den Plan bereits vorgelesen hat. Oder die Lehrkraft bestimmt jedes Mal für diese Aufgabe spontan ein Kind, dem etwas Bewegung gerade gut tut.

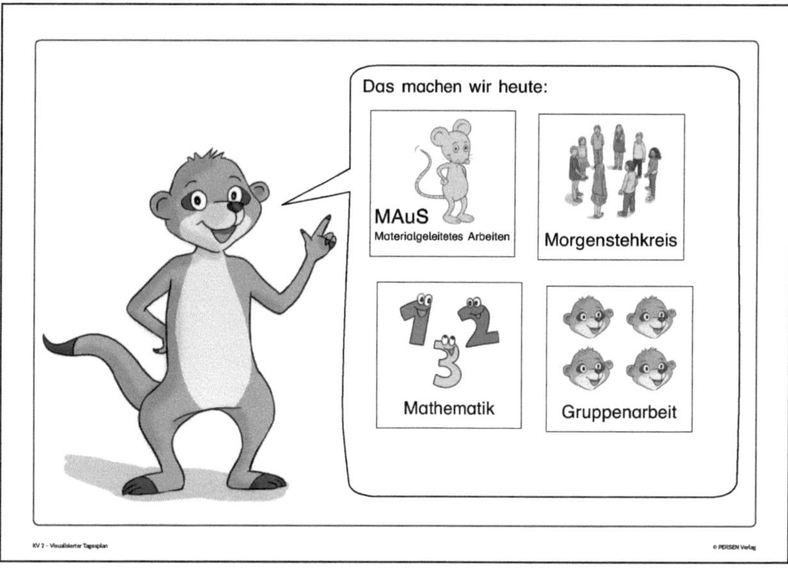

Abb. 3: Visualisierter Tagesplan (KV 2)

Das Umdrehen der Karten ist auch ein guter Zeitpunkt für den „Konzi-Rückblick“, ein Reflexionssystem zur Konzentration für die ganze Klasse, das in Kapitel 5.4.1 näher beschrieben wird.

Wie detailliert der Tagesplan ausfällt, hängt von den Bedürfnissen der jeweiligen Klasse ab. Anregungen finden sich in den Kopiervorlagen (vgl. KV 2). Benötigt ein Kind deutlich mehr Strukturierung als der Rest der Klasse, kann, ähnlich wie bei den Materialkarten, die Kopiervorlage kleiner ausgedruckt und ein individueller Plan erstellt werden. So besteht die Möglichkeit, jede Unterrichtseinheit in beliebig kleine Schritte zu gliedern und so dem Kind entsprechend oft das Erfolgserlebnis zu ermöglichen: „Auf diese Aufgaben habe ich es bereits geschafft mich zu konzentrieren! Und das steht als Nächstes an.“

Benötigt ein Kind sowohl einen individuellen Materialplan als auch einen individuellen Tagesplan, wird es schwierig, beide Pläne am Tisch zu befestigen, möchte man dem Ideal der leeren Fläche entsprechen und nicht noch für zusätzliche Ablenkung sorgen. Ein fester Karton oder eine dünne Holzplatte ergeben eine kleine Tafel, an der die Strukturierungshilfen befestigt werden können (vgl. Abb. 4). Besonders attraktiv für Kinder sind Modellbauplatten aus dem Baumarkt, die es in vielen bunten Farben gibt und die leicht und dennoch stabil sind. Diese individuelle Tafel kann entweder seitlich neben dem Schülertisch aufbewahrt und nur bei Bedarf hervorgeholt werden oder die Lehrperson behält die Tafel bei sich und zeigt sie dem Schüler immer, wenn sich wieder eine Änderung ergibt. Werden auf der Rückseite mehrere Klettstreifen angebracht, können die gerade nicht benötigten Karten übersichtlich aufbewahrt werden.

Abb. 4: Individuelle Strukturierungshilfen

In den visualisierten Tagesplan lassen sich auch gut Sozialformkarten (vgl. KV 3) integrieren. Ist man im Laufe des Schultages bei einem bestimmten Fach angekommen, z. B. Mathematik, und möchte man jetzt eine Gruppenarbeit machen, kann man die entsprechende Sozialformkarte neben das Schild für Mathematik hängen, sodass alle Kinder wissen, was jetzt von ihnen erwartet wird, ohne dass lange Erklärungen notwendig sind (vgl. Abb. 5). So können die Gruppen gleich mit ihrer Arbeit beginnen und sich sofort auf die Inhalte konzentrieren.

Abb. 5: Sozialformkarten (KV 3)

Bedenkt man die durchschnittliche Konzentrationsspanne von Grundschulkindern (vgl. Kap. 1.2), ist es wichtig, auch bei den Sozialformen für eine Rhythmisierung zu sorgen. Wechseln sich Einzel-, Gruppen- oder Partnerarbeit, Lerntheke oder Stationenarbeit mehrmals am Tag ab, sorgt dies immer wieder für eine Aktivierung der *allgemeinen Aufmerksamkeit* und somit für einen neuen Konzentrationsschub.

Der Morgenstehkreis ist auch ein guter Rahmen, um Übungen zur Konzentrationsförderung durchzuführen, die am effektivsten sind, wenn sie regelmäßig wiederholt werden. Tolle Übungen für die ganze Klasse, wie sie in Kapitel 6.1 beschrieben werden, finden sich z. B. in dem Bereich der Kinesiologie und im Yoga.

Sind durch die entsprechende Übung alle darauf eingestimmt, jetzt gleich konzentriert mit der Arbeit zu beginnen, ist es wichtig, dass auf dem Rückweg vom Stehkreis auf den Platz die konzentrierte Grundstimmung nicht durch Schubsen und Drängeln wieder zunichtegemacht wird. Abhilfe schafft hier ein kleines Spiel, z. B. zurück auf den Platz darf jeder, der ein „M“ im Namen hat / etwas Rotes anhat / im Januar Geburtstag hat / dessen Namen mit dem vierten Buchstaben im Alphabet beginnt usw.

3.2.3 Rituale erleichtern die Konzentration auf das Wesentliche

Der im vorangegangenen Kapitel beschriebene Morgenstehkreis ist bei regelmäßiger, immer gleichbleibender Durchführung bereits ein Ritual, das den Kindern Sicherheit vermittelt. Da ihnen der Ablauf bald vertraut ist, können sie sich ganz auf die besprochenen Inhalte konzentrieren.

Dies gilt auch für weitere Rituale, die sich im Lauf des Schultages zur Rhythmisierung, zur Strukturierung oder auch ganz gezielt zur Konzentrationsförderung einbauen lassen.

3.2.3.1 Das Lausch-Konzi-Ritual (KV 4)

Immer, wenn die Lehrperson der ganzen Klasse etwas besonders Wichtiges mitteilen möchte, z. B. einen Arbeitsauftrag, hat der „Lausch-Konzi“ (vgl. KV 4) seinen Auftritt (vgl. Abb. 6). Bald wissen die Kinder, wenn die Lehrkraft die Karte mit dem Lausch-Konzi hochhält, heißt es: „Ohren auf und volle Konzentration!“ Verstärkt wird dies noch, wenn die Kinder die Lauschgeste von Konzi, die Hände hinter die Ohren zu legen, nachmachen. So hat man als Lehrperson auch eine Kontrolle, ob alle Kinder bei der Sache sind. Sind alle Schüler bereit, erklärt die Lehrkraft in möglichst einfachen, kurzen Sätzen, die der Kapazität des Arbeitsgedächtnisses ihrer Klasse gerecht werden (vgl. Kap. 1.2), den Arbeitsauftrag.

Anschließend gibt sie den Lausch-Konzi an einen Schüler weiter, der nun seinerseits darauf achten darf, dass alle lauschen, um dann den Arbeitsauftrag zu erklären. Durch die zielgerichtete Konzentration aller Kinder reicht das einmalige Wiederholen in der Regel aus, damit der Arbeitsauftrag auch wirklich bei allen angekommen ist. Aber natürlich kann das Weitergeben der Lausch-Konzi-Karte beliebig oft wiederholt werden.

Durch das gleichbleibende Ritual wissen die Kinder, was auf sie zukommt, und können ihre *selektive Aufmerksamkeit* bewusst auf die Lehrkraft bzw. den Sprecher lenken. Da die Figur des Konzi außerdem sehr positiv besetzt ist und sie sich freuen, wenn sie den Lausch-Konzi bekommen, wird ein Bloßstellen einzelner Kinder, wie dies sonst bei der Aufforderung, etwas Gesagtes zu wiederholen passieren kann, vermieden.

Abb. 6: Die Lausch-Konzi-Karte (KV 4)

3.2.3.2 Das Konzentrations-Akku-Auflade-Ritual (KV 5)

Hat die Klasse 15 bis 20 Minuten (vgl. Kap. 1.2) konzentriert gearbeitet, braucht das kindliche Gehirn eine Pause, bevor es wieder in der Lage ist, die *selektive Aufmerksamkeit* ganz auf eine bestimmte Aufgabe auszurichten. Es hat dann wenig Sinn, den eigentlichen Unterrichtsinhalt „durchziehen" zu wollen, jetzt ist Rhythmisierung gefragt und es ist Zeit für das Konzentrations-Akku-Auflade-Ritual (vgl. Abb. 7).

Zeigt die Lehrperson die Konzentrations-Akku-Karte (vgl. KV 5), wissen die Schüler schon, dass sie sich jetzt hinter ihren Stuhl stellen und sich recken und strecken dürfen und gespannt abwarten, welche Übung zum Aufladen des Konzentrations-Akkus kommt, während der Fensterdienst frische Luft ins Klassenzimmer lässt.

In Kapitel 6 sind zahlreiche Aufgaben zur Wiederherstellung der Konzentration beschrieben, gegliedert in Klassen-, Gruppen- und Partnerübungen. Aus diesem Fundus kann die Lehrperson entsprechend auswählen, je nachdem wie viel Zeit zur Verfügung steht, ob es auf die Klasse eher beruhigend oder anregend wirken oder über die Konzentrationsförderung hinaus noch ein weiteres Lernziel, wie z. B. soziales Lernen, mit verfolgt werden soll und welches Material gerade zur Verfügung steht.

Abb. 7: Die Konzentrations-Akku-Auflade-Karte (KV 5)

Die Zeit zur Konzentrationsförderung, oft reichen wenige Minuten, ist gut investiert, da die Klasse danach mit neuer Aufmerksamkeit bei der Sache ist und der eigentliche Unterricht mit frischem Schwung weitergehen kann.

3.2.3.3 Das „Jetzt darfst du zeigen, was du kannst"-Ritual

Schon oder gerade auf Grundschulkindern lastet leider oft ein gewisser Leistungsdruck. Die damit verbundene Anspannung ist vor allem in Testsituationen zu spüren. In Kapitel 1.3 haben wir gesehen, dass etwas Anspannung anregend für die *allgemeine Aufmerksamkeit* und damit für die Konzentrationsfähigkeit ist, ein Zuviel an Noradrenalin dagegen hemmend wirkt. Das Gehirn bekommt dann den steinzeitlichen Impuls, sich zu verteidigen oder zu flüchten, beides keine guten Optionen für eine Schulaufgabe.

Um das kindliche Gehirn beim Aufbau einer optimalen Aufmerksamkeit zu unterstützen, hilft das „Jetzt darfst du zeigen, was du kannst"-Ritual. Die Testblätter liegen bereits mit der Rückseite nach oben auf den Schülertischen, das benötigte Material ist auch bereit und die Kinder stehen an ihrem Tisch. Die Lehrkraft gibt folgende Anweisung: „Strecke die Arme nach vorne. Kreuze deine Arme, die Handflächen zeigen zueinander. Verschränke die Hände ineinander und drehe diese nach innen zum Körper hin. Schließe die Augen und zähle leise für dich bis zehn." Sagt die Lehrkraft „Jetzt darfst du zeigen, was du kannst!", setzen sich die Kinder und beginnen mit dem Test.

Diese Übung aus der Kinesiologie hat den Sinn, durch die Kreuzung der Körpermitte beide Gehirnhälften zu aktivieren. Die *allgemeine Aufmerksamkeit* wird damit angeregt. Das Ganz-auf-sich-Konzentrieren sowie das ruhige Zählen in Verbindung mit dem vertrauten Ritual wirken aber gleichzeitig beruhigend, sodass einem Zuviel an Aufregung vorgebeugt wird. Die Aufforderung der Lehrkraft, nun zu zeigen, was man kann, lenkt die Aufmerksamkeit auf das eigene Können und weg von hemmenden Versagensängsten.

3.2.4 Abschluss-Stehkreis mit Super-Konzi (KV 6)

Der Schultag war voller Erlebnisse, Erfahrungen von Erfolg, vielleicht aber auch von Misserfolg, auf jeden Fall gefüllt mit vielen sozialen Interaktionen und neuen Lerninhalten. Oft sind die Kinder so voller neuer Eindrücke, dass sie auf die Frage, wie es denn heute in der Schule war, gar nicht so einfach antworten können.

Nach einem gemeinsam verbrachten Schultag ist es schön, den Tag auch mit einem gemeinsamen Abschluss zu beenden. Hier ergibt sich die Gelegenheit, auch das Thema Konzentration noch einmal in den Fokus zu rücken. Wie beim Morgenkreis kann ein akustisches Signal die Kinder auf ihren Platz im Stehkreis rufen, idealerweise gleich mit gepackten Schultaschen. Sind alle bereit, hält die Lehrperson die Ritualkarte mit dem „Super-Konzi" (vgl. KV 6) hoch, bei der das Erdmännchen als Superheld zu sehen ist, der wissen möchte: „Wann hast du dich heute besonders gut konzentriert?" (vgl. Abb. 8). Das Kind, das die Karte bekommt, reflektiert für sich noch einmal seine heutige Konzentrationsfähigkeit und findet bestimmt eine Unterrichtseinheit, eine Methode oder

Abb. 8: Die Super-Konzi-Karte (KV 6)

eine bestimmte Aufgabe, bei der es voll bei der Sache war. Dabei spielt es keine Rolle, für wie lange die Konzentration aufrechterhalten werden konnte.

Oft fällt es den Schülern zu Beginn schwer, eine präzise Antwort zu geben. Wird der „Super-Konzi" als Ritual aber regelmäßig durchgeführt und gleichzeitig auch während des Unterrichts immer wieder das Konzentrationsverhalten reflektiert (vgl. Kap. 5.4), werden die Kinder immer geübter darin, ihre Aufmerksamkeit auf diese Metaebene zu lenken.

Hat das Kind eine Antwort gefunden, gibt es die „Super-Konzi-Karte" mit der Frage „Wann hast du dich heute besonders gut konzentriert?" an das nächste Kind weiter.

Dieses Ritual hat drei Vorteile. Erstens endet so der Schultag für jedes Kind positiv, selbst wenn es davor Streit oder Ermahnungen gegeben haben sollte. Zweitens lässt die Klasse den Unterricht noch einmal Revue passieren, sodass neben den vielen sozialen und emotionalen Erlebnissen die eigentlichen Lerninhalte noch einmal präsent werden. Und drittens werden alle Kinder in dem Selbstbild bestärkt, dass sie sich konzentrieren können. Das ist gerade für Kinder wichtig, die häufig die Rückmeldung bekommen, dass ihre Konzentrationsfähigkeit nicht ausreichend ist. Sie entwickeln schnell die Annahme, dass sie sich ja eh nicht richtig konzentrieren können, und versuchen gar nicht mehr, ihre *selektive Aufmerksamkeit* entsprechend auszurichten, sie schalten ab.

Wahrscheinlich bedarf es zu Beginn des Abschluss-Stehkreis-Rituals noch die Unterstützung der Lehrperson, damit wirklich jedes Kind eine Situation findet, bei der es sich heute gut konzentriert hat. Aber auch für die Lehrkraft ist es ein wichtiger Perspektivenwechsel, nicht immer nur darauf zu schauen, wo das Kind Schwierigkeiten hat, sondern die Aufmerksamkeit auf die Zeit zu richten, zu der das Kind heute konzentriert war und wenn es zu Beginn nur zwei Minuten sind. Wird ihre Konzentrationsleistung von „Super-Konzi" genauso gewürdigt wie die von jedem anderen Kind, nehmen sie sich einerseits selbst als „konzentrationsfähig" wahr, was ein wesentlicher Schritt hin zu einem Selbstbild ist, das gute Konzentration begünstigt. Andererseits entfällt die Sonderrolle, die Kinder mit Konzentrationsschwierigkeiten häufig bekommen, sodass sie sich als gleichwertiger Teil der Klassengemeinschaft erleben können.

Ein gemeinsames Lied schließt den Stehkreis ab, dann beginnt entweder das Kind rechts oder links von der Lehrkraft (um dem kindlichen Gerechtigkeitssinn zu entsprechen, am besten täglich abwechseln) mit dem Gänsemarsch in die Garderobe. So wird vermieden, dass zwanzig Kinder auf eine Türe zustürmen und die positive Stimmung des Super-Konzi-Rituals bleibt erhalten.

Kurz & knapp:

- fließender Beginn mit Materialgeleitetem Arbeiten
- Morgenstehkreis als erste Konzentrationsfördereinheit des Tages
- visualisierter Tagesplan gibt Sicherheit
- Sozialformkarten erleichtern Rhythmisierung
- Ritual als Signal zum konzentrierten Zuhören
- Ritual zum Aufladen des Konzentrations-Akkus
- Ritual zur optimalen Konzentration vor Testsituationen
- Super-Konzi als positiver, ritualisierter Tagesabschluss

4 Konzentration durch Motivation

Stellen Sie sich einmal folgende Situation vor: Ein Kind im Alter von ca. 2 Jahren sitzt auf dem Fußboden und hat einen Satz Stapelbecher vor sich liegen. Immer und immer wieder stellt es die Becher ineinander. Manchmal gelingt es gleich auf Anhieb, manchmal muss es überlegen, macht Fehler, beginnt noch einmal von vorne usw. Einige Minuten sitzt es da und scheint die Welt um sich herum zu vergessen. Tief versunken in seine Tätigkeit können Sie seinem Gehirn geradezu bei der Vernetzung zusehen. Als es seine Aktivität beendet, sieht das Kind auf und lächelt ... Was bringt Menschen schon als Kind, ja bereits als Neugeborene, dazu, so hartnäckig bei einer Aufgabe zu bleiben, bis es im Gehirn schließlich „klick" macht?

Befassen sich Pädagogen mit der Frage, wie die Konzentration von Schülern verbessert werden kann, muss das Augenmerk zwangsläufig auch auf das Thema Motivation gerichtet werden, denn „Wer motiviert ist, kann sich lange konzentrieren, seine Aufmerksamkeit bleibt wach und zielgerichtet" (Korte 2011, 47).

4.1 Den „Flow" erzeugen

Motivation wird unterschieden in die extrinsische (von außen kommende) und die intrinsische (von innen generierte) Motivation. Aufgrund verschiedener Studien weiß man heute, dass vor allem die intrinsische Motivation, also sich aus eigenem Antrieb heraus einer Tätigkeit zu widmen, für das Lernen von Bedeutung ist (vgl. Korte 2011, 36). Den Gipfel der intrinsischen Motivation und damit das Ziel jedes Pädagogen, wenn der Schüler im Einklang mit sich und der Welt erfolgreich Aufgaben bewältigt, nennt man „Flow-Effekt". Es kommt zu einem guten Gefühl, welches das Gehirn abspeichert und wiederholen möchte. Der Grund für dieses Glücksgefühl ist die Ausschüttung von Dopamin im Gehirn, sozusagen als körpereigenes Belohnungssystem. Die Folge ist die ständige Lust nach neuen Herausforderungen (vgl. Thorbrietz 2007, 34 f.).

So weit, so gut, doch wie erzeugen wir diese intrinsische Motivation oder vielleicht sogar den „Flow" bei unseren Schülern? Nach Manfred Spitzer ist diese Frage übrigens genauso unsinnig wie die Frage „Wie erzeuge ich Hunger?". Motivation muss also nicht erzeugt werden, weil (ähnlich wie bei der Regulierung der Nahrungsaufnahme) bereits ein effektives System dafür im Gehirn eingebaut ist (vgl. Spitzer 2007, 192). Dennoch gibt es verschiedene Faktoren, die im Unterricht berücksichtigt werden können, um dazu beizutragen, dass sich die Lernenden selbst motivieren und sich schlussendlich konzentriert mit Unterrichtsinhalten auseinandersetzen.

4.1.1 Unerwartetes weckt Aufmerksamkeit

Unser Gehirn versucht immer vorherzusagen, was als Nächstes passiert. Dies ist wichtig, um die Welt mit ihren unüberschaubar vielen Reizen in eine gewisse Struktur zu bringen. So weiß beispielsweise unser Sprachzentrum bereits in der Mitte des Satzes, wie dieser vermutlich enden wird. Stellt sich das Ergebnis wie erwartet ein, wird es nicht weiter beachtet (vgl. Korte 2011, 38 f.). Aus diesem Grund sollte es uns in der Schule gelingen, Lernsituationen zu schaffen, die sich von dem, was sich das Gehirn der Schüler im Voraus errechnet hat, positiv abheben. Schließlich haben bei der *selektiven Aufmerksamkeit* neue, unerwartete Reize immer Vorrang (vgl. Kap. 1.1). Das Gehirn ist ständig auf der Suche nach Unbekanntem. „Neues ist für das Gehirn und damit für die Gehirnentwicklung anregend" (Korte 2011, 46).

Zugegeben ist es eine Herausforderung für die Lehrkraft, immer Dinge zu präsentieren, die für den Schüler neu und unerwartet sind, zumal viele Grundschüler heute schon Multimediaprofis sind, die kein „Special Effect“ so leicht aus der Reserve lockt. Allerdings lernt der Schüler im Unterricht üblicherweise überwiegend durch Hören und Sehen. Schon allein die Aktivierung eines anderen Sinneskanals kann das Gehirn aufhorchen lassen. Warum also nicht den Buchstaben „Z“ einführen, indem die Schüler Zimtsterne kosten dürfen, den Geschmack erraten und damit über den Anfangslaut auf den neu zu lernenden Buchstaben kommen. Bei der Unterrichtseinheit „Vom Korn zum Brot“ hängen die Bildkarten nicht einfach an der Tafel, sondern die Kinder dürfen in einem Getreidesack danach tasten. Für manche ist es vielleicht das erste Mal, ganze Getreidekörner zwischen den Fingern zu spüren. Welch eine Neuronenexplosion im Gehirn! Oder sie werden mit dem Geruch von Hundefutter auf das Thema Haustiere im Sachunterricht eingestimmt. Der Geruchssinn wird übrigens häufig unterschätzt. Dabei liefert er die einzigen Sinnesreize, die ohne Selektionsprozesse direkt im Hippocampus verarbeitet werden (vgl. Nordengen 2018, 90). Während des bewussten Riechens wird bis zu einem Drittel des Gehirns aktiviert (vgl. Stenger 2014, 211). Damit eignen sich Aufgaben zum Riechen perfekt für die Steigerung der *allgemeinen Aufmerksamkeit* (vgl. Kap. 4.2.3.8).

4.1.2 Über- und Unterforderung vermeiden

Wie bereits erwähnt, bewertet das Gehirn Aufgaben danach, ob es glaubt, sie lösen zu können oder nicht. Kurz zusammengefasst, wirkt sich sowohl eine zu einfache als auch eine zu schwierige Aufgabe negativ auf das Arbeitsgedächtnis und damit die Konzentrationsfähigkeit aus (vgl. Kap. 1.3). Entspricht die Aufgabe jedoch dem Leistungsniveau des Schülers, führt dies dazu, dass das Belohnungssystem optimal aktiviert und geradezu süchtig machendes Dopamin ausgeschüttet wird, der „Flow“ entsteht.

Im Kapitel 4.2 wird deutlich, wie durch Materialgeleitetes Arbeiten individuell passende Aufgaben für jeden Schüler gewählt und somit eben diese Über- und Unterforderung vermieden wird. Schließlich ist das Gehirn stets auf der Suche nach Herausforderungen. Diese müssen jedoch so geartet sein, dass sie als lösbar eingeschätzt werden.

Häufig werden Aufgaben von Schülern als unlösbar bewertet, wenn sie sehr umfangreich sind. Das Kind kann dann nicht überblicken, wann sich der gewünschte Erfolg wohl einstellen wird. Hier hilft es, Aufgaben in Etappen zu stückeln. So haben Kinder die Chance, Teilsiege zu erringen. Nach jeder erledigten Teilaufgabe stellt sich ein Gefühl der Belohnung ein (Dopamin). Durch dieses Glücksgefühl wird die Konzentration auf die nächste Aufgabe wiederum gesteigert, denn das Gehirn setzt alles daran, die Dopaminausschüttung zu wiederholen.

So hilft es manchen Schülern, einen langen Lesetext in mehrere Teile zu zerschneiden und nach und nach abzuarbeiten. Auch die Aussicht, dass nach jeder geschafften Nummer im Mathematikbuch eine kleine Pause möglich ist, ist für einzelne Schüler notwendig, um alle Teilaufgaben nach und nach zu Ende zu bringen (vgl. Kap. 7.2).

Auch der in Kapitel 3.2.2 beschriebene Tagesplan kommt dem gehirneigenen Belohnungssystem zugute. Durch das Umdrehen der bereits vergangenen Unterrichtseinheiten wird dem Schüler genau visualisiert: „Auf so viel habe ich es heute bereits geschafft, mich zu konzentrieren. Und die Karten, die noch kommen, schaffe ich auch noch!“

4.1.3 Motivation durch Bewegung

Eine sehr kindgerechte Form der Motivation, die zudem bereits an sich konzentrationsfördernd ist, ist die Bewegung (vgl. auch Kap. 7.5). Bewegung führt dazu, dass Nervenzellen im Gehirn besser miteinander verschaltet werden. Bei sportlicher Betätigung werden vermehrt Nervenwachstumsfaktoren ausgeschüttet und somit Nervenzellen gebildet. Auch das Arbeitsgedächtnis und damit die Konzentrationsfähigkeit profitiert von Bewegung. Außerdem wird Stress abgebaut und ein Gefühl des Wohlseins und der Entspannung erreicht (vgl. Korte 2011, 45). Der kindliche Bewegungsdrang ist also durchaus positiv und sollte nicht durch zu langes Stillsitzenmüssen unterdrückt werden. Aus diesem Grund sind in den folgenden Kapiteln immer wieder Übungen beschrieben, die ein „bewegtes Lernen" möglich machen und damit Konzentration unterstützen.

4.1.4 Emotionen beeinflussen die Motivation zur Konzentration

Es ist vor allem eine Gefühlsentscheidung, auf welche Reize der Umgebung die *selektive Aufmerksamkeit* gelenkt wird (vgl. Kap. 1.3). Im Unterricht haben wir die Möglichkeit, mit verschiedenen Methoden positive Gefühle bei den Lernenden hervorzurufen. Warum also bei jüngeren Schülern nicht hin und wieder eine Handpuppe in ausgewählten Unterrichtsphasen einsetzen, die für die Kinder als Identifikationsfigur dient und positiv besetzt ist? Auch wenn dies einiges an schauspielerischen Fähigkeiten von der Lehrperson fordert und sich manche vielleicht erst überwinden müssen, mit „Quietschestimme" ein Kuscheltier zum Leben zu erwecken, kann man sich so der vollen Aufmerksamkeit seiner Schüler sicher sein. Damit der konzentrationsfördernde Effekt erhalten bleibt, darf die Handpuppe natürlich nicht inflationär eingesetzt werden, aber wohldosiert wird sie garantiert zum Unterrichts-Highlight.

Auch Musik kann starke Gefühle hervorrufen und die Aufmerksamkeit der Schüler fokussieren. Je nach Art des Musikstücks kann die Lehrperson ihre Klasse so zur Entspannung führen, sie aber auch anregen und aktivieren. Immer wieder zu bestimmten Anlässen eingesetzt, eignet sich Musik sehr gut zur Ritualisierung und Rhythmisierung.

Mit Geschichten können sachliche Unterrichtsinhalte auf einer Ebene präsentiert werden, die verschiedene Emotionen hervorrufen. Im hier angefügten Beispiel wird den Kindern das Phänomen der Oberflächenspannung durch eine kindgerechte, die Gefühlswelt der Schüler ansprechende Geschichte nähergebracht, indem es nicht nur sachlich korrekt beschrieben, sondern aus Sicht des Wasserläufers Rudi erlebbar wird.

Heute machen wir einen Ausflug zum Teich. Am Wasser angekommen, sehen wir Rudi. Rudi ist ein Wasserläufer und ein ganz besonderes Tier. Er kann nicht nur fliegen, sondern auch auf dem Wasser laufen. Alle anderen Tiere bewundern den kleinen Rudi, weil er sich so flink auf der Oberfläche des Teichs fortbewegen kann. Durch seine besonderen Beine kann er auf der Wasseroberfläche hin und her sausen, ohne dass er untergeht.

Eines Tages fliegt die kleine Mücke Susi an dem Wasserläufer vorbei und fragt erstaunt: „Hallo, kleiner Wasserläufer, warum gehst du denn im Wasser nicht unter?“ Da antwortet Rudi: „Das liegt an der Oberflächenspannung des Wassers. Die Wasserteilchen halten sich so fest, dass ich auf ihnen laufen kann.“

Da antwortet die kleine Mücke: „Ui toll! Meinst du, die Wasserteilchen können mich auch tragen? Dann kann ich auch auf dem Wasser umhersausen wie du! Und dann können wir ganz toll Fangen spielen!“ Voller Begeisterung will Susi gerade auf der Wasseroberfläche landen. Erschrocken ruft Rudi der kleinen Mücke zu: „Nein, nein! Für dich ist das zu gefährlich!“. „Aber warum denn? Wollen mich die Wasserteilchen denn nicht tragen?“ Da erklärt Rudi: „Weißt du, ich gehe im Wasser nicht unter, weil meine Beine eine besondere Fettschicht haben. Die Fettschicht hilft mir, dass ich die Wasseroberfläche nicht durchdringe. Deine Beine haben diese Fettschicht leider nicht und du würdest untergehen.“

Da ist Susi ganz traurig und lässt ihre Flügel hängen. So sehr wünscht sie sich, mit ihrem neuen Freund Rudi auf dem Wasser Fangen zu spielen.

Damit Susi nicht mehr so traurig ist, sagt Rudi: „Dafür kannst aber du viel schneller fliegen als ich. Komm, wir fliegen um die Wette!“ Fröhlich fliegen Susi und Rudi davon.

Spannung wird erzeugt, wenn ein Bild als visueller Impuls, z. B. zur Einführung in ein neues Thema, in einen großen Briefumschlag gesteckt wird. In dem Briefumschlag sind Türchen vorgeschnitten, die nach und nach geöffnet werden. Wie viele Türchen müssen geöffnet werden, bis der Erste das Bild erraten hat?

In Kapitel 3.3.4 wurde bereits der Tagesabschluss mit Super-Konzi näher erläutert. Auch dies ist, ebenso wie das klassenbezogene und das individuelle Reflexionssystem (vgl. Kap. 5.4), eine gute Möglichkeit, damit die Schüler ihr Lernen mit einem positiven Gefühl verbinden und für ihr weiteres Lernen wieder voller Motivation sind. Eine weitere Möglichkeit, die intrinsische Motivation anzukurbeln, ist das richtige Loben. Gerade bei Kindern mit ausgeprägten Konzentrationsproblemen ist es wichtig, dies auch in der Elternarbeit zu thematisieren (vgl. Kap. 7.1).

Jede Rückmeldung von außen beeinflusst über das emotionale System das kindliche Selbstbild. Macht nun ein Kind häufig die Erfahrung, dass sein Konzentrationsvermögen trotz aller Anstrengung nicht den Anforderungen genügt, wird es bald zu dem Schluss kommen, sich nicht konzentrieren zu können und dies irgendwann auch nicht mehr versuchen, da es ja eh nie genug ist. Der in Kapitel 1.4 beschriebene Teufelskreis entsteht. Eine Möglichkeit, dem entgegenzuwirken, ist es, den Moment zu erwischen, in dem sich das Kind konzentriert einer Aufgabe widmet, und sei es zu Beginn auch nur eine Minute, und das entsprechend zu loben. Denn Anerkennung regt die Ausschüttung von Dopamin an, das körpereigene Belohnungssystem wird aktiviert und das Gehirn möchte mehr davon.

Manche Kinder haben allerdings bereits so ein festgefügtes Selbstbild von sich als „nicht konzentrationsfähig", dass sie das Lob der Lehrperson nicht annehmen können, da es nicht in ihr Bild von sich selbst passt. In diesem Fall kann die Lehrperson ein indirektes Lob aussprechen. Gerade bei jüngeren Kindern bietet sich dafür der Einsatz einer Handpuppe an. Die Lehrperson geht mit der Handpuppe am Tisch des Schülers vorbei und sagt an die Puppe gerichtet: „Stell dir vor, der Alex hat es gerade geschafft, sich ganz auf die Rechenaufgabe zu konzentrieren. Er hat auf seinem Tisch nur die Sachen liegen, die er gerade braucht und hat nur auf sein Arbeitsblatt geschaut. Das hat der Alex richtig gut gemacht!" Nach und nach kann es dem Kind gelingen, über dieses indirekte Loben sein Selbstbild entsprechend umzubauen. Gleichzeitig bekommt es rückgemeldet, was für eine gute Konzentration wichtig ist (z.B. ein aufgeräumter Tisch, Blick auf die Aufgabe gerichtet usw.).

„Dauerlob" aus der Riesengießkanne stumpft allerdings ab, die Dopaminausschüttung funktioniert dann nicht mehr zuverlässig. Auch sollte man mit Lob für eine Fähigkeit, die als wenig beeinflussbar wahrgenommen wird, etwa Talent oder Intelligenz, sparsam sein. Kinder gewinnen dann nicht an Selbstbewusstsein, sondern scheuen sogar anspruchsvolle Aufgaben, da sie Angst haben, sich zu blamieren und doch nicht so talentiert zu sein wie zuvor attestiert. Sie entwickeln ein Selbstbild, das die Psychologin und Intelligenzforscherin Carol Dweck „statisch" nennt. Dieses steht im Gegensatz zu einem „dynamischen Selbstbild", das entsteht, wenn ein Kind für seine Anstrengung gelobt wird (vgl. Dweck 2017, 21). In diesem Fall sind die Kinder voller positiver Gefühle und hoch motiviert, sich erneut anzustrengen und sich ganz auf die Herausforderung zu konzentrieren.

Kurz & knapp:

Motivation hochhalten durch:

- neue und unerwartete Reize im Unterrichtsalltag
- Anforderungen, die den Leistungen der Schüler entsprechen
- bewegtes Lernen
- Identifikationsfiguren
- Geschichten
- Musik
- richtiges, wohldosiertes Loben

4.2 Umsetzung durch Materialgeleitetes Arbeiten

4.2.1 Konzentrationsförderung mit dem MAuS-Konzept

Das Materialgeleitete Arbeiten, vielleicht besser bekannt unter dem Begriff „Freiarbeit", bietet sich besonders an, um ein konzentriertes Arbeiten zu üben. Wir möchten an dieser Stelle auf das Buch „Materialgeleitetes Arbeiten in der Grundschule" verweisen, in dem diese Unterrichtsform im Detail beschrieben ist. Konkret handelt es sich um das sogenannte „MAuS-Konzept". MAuS steht für „**M**aterialgeleitetes **A**rbeiten – Individualisierung **u**nd Differenzierung mit **S**truktur" und meint ein Unterrichtskonzept, das den freiheitlichen Charakter des Materialgeleiteten Arbeitens mit einer klaren Strukturierung verbindet. Da das Konzept über den Inhalten steht, ist es, einmal eingeführt, für nahezu alle Inhalte nutzbar.

Mit dem MAuS-Konzept lassen sich viele der Merkmale, die einen konzentrationsfördernden Unterricht ausmachen, wie z. B. Vermeidung von Unter- und Überforderung (vgl. Kap 1.3), Motivation (vgl. Kap. 4), Bewegung (vgl. Kap. 4.1.3, 7.5) oder die Lenkung der *selektiven Aufmerksamkeit* hin auf das Wesentliche (vgl. Kap. 1.3), sehr gut umsetzen. Hier hat jedes Kind die Auswahl aus einem individuellen, von der Lehrkraft vorgegebenen Aufgabenpool, der somit genau passende Aufgaben enthält. So wird ein Abschalten der Konzentration aufgrund von zu leichten oder zu schwierigen Aufgaben vermieden.

Auch beschränken wir uns bei dem MAuS-Konzept im Wesentlichen auf drei Aufgabentypen (Kistenaufgaben, Tablettaufgaben und Arbeitsmappen). Dadurch muss das Kind seine Aufmerksamkeit nicht auf die Frage lenken „Wie geht die Aufgabe?“, da die Art der Bearbeitung bald bekannt ist, sodass die ganze Kapazität des Arbeitsgedächtnisses für die Inhalte zur Verfügung steht.

Auch der Spaß kommt beim Materialgeleiteten Arbeiten nicht zu kurz, wenn immer wieder auch spielerische Aufgaben integriert werden. So eignen sich z. B. die bekannten Formate Memory®, Domino, Puzzle oder Tangram (vgl. Abb. 9) besonders zur Konzentrationsförderung. Bei Letzterem ist neben dem Nachlegen vorgegebener Figuren vor allem das freie Experimentieren mit den Tangram-Formen wichtig (vgl. Thiesen 2013, 64). Neben Geduld, Ausdauer und Formenverständnis wird so auch die Fantasie der Kinder gefördert und oft entstehen tolle Figuren, die in die Vorlagensammlung aufgenommen werden können.

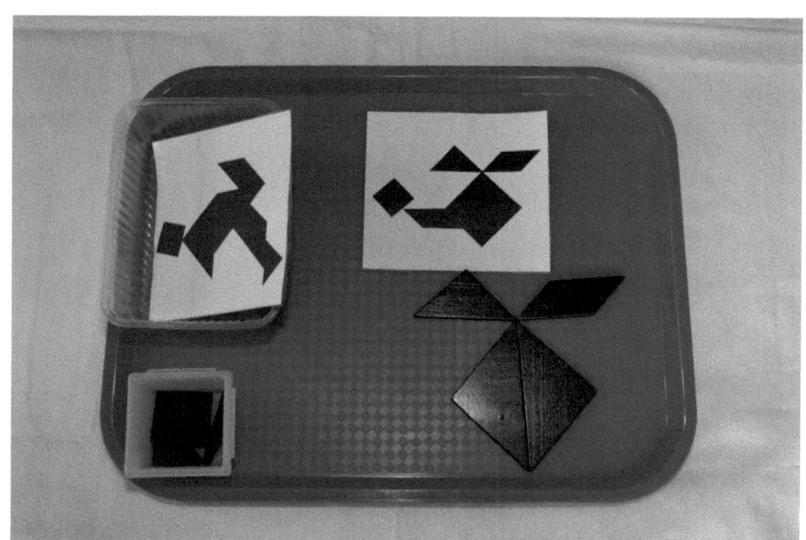

Abb. 9: Tablettaufgabe Tangram

Generell kommt der handelnde Zugang zu Unterrichtsthemen Kindern mit Konzentrationsschwierigkeiten entgegen, wenn z. B. sinnverstehendes Lesen nicht durch klassisches Fragenbeantworten geprüft wird, sondern indem Handlungsanweisungen direkt umgesetzt werden. Wie dies aussehen kann, zeigt das Material „Wer macht was?“ (vgl. Abb. 10).

Auf dem Tablett sind verschiedene Gegenstände und Figuren präsentiert. Eine Karte gibt Beschreibungen, z. B.: „Der Topf steht auf dem Tisch.“, „Hinter dem Baum hat sich ein Hase versteckt.“ usw. Die Kinder stellen die Situation anhand der Anweisungen nach.

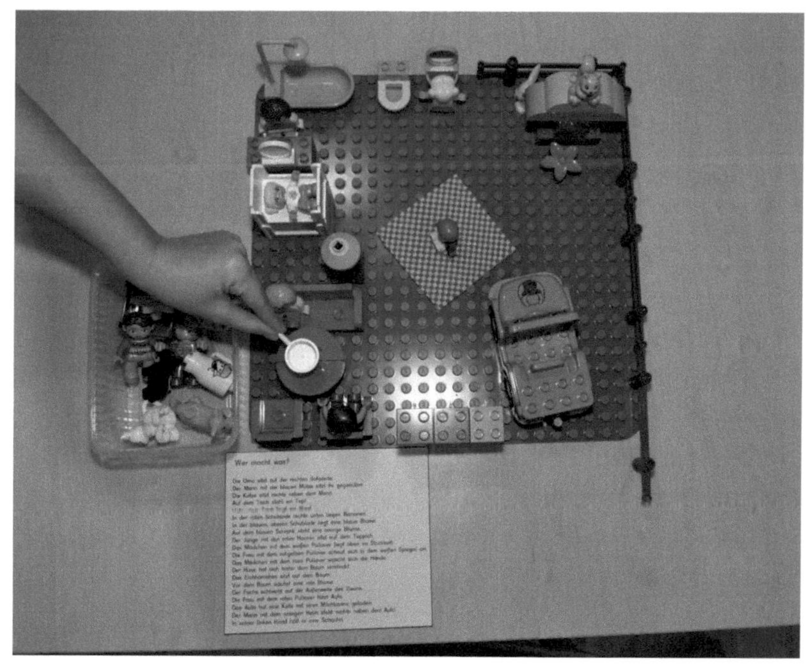

Abb. 10: Tablettaufgabe „Wer macht was?“

4.2.2 Adaption von „normalen“ Aufgaben zur Konzentrationsförderung

Bewegung hat einen konzentrationssteigernden Effekt (vgl. Kap. 4.1.3). Langes Stillsitzenmüssen ist für effektives Lernen nicht förderlich. Kinder scheinen dies intuitiv zu spüren und fangen bald oder auch sehr bald an, auf ihrem Stuhl herumzuzappeln. Da dies in einem räumlich eingeschränkten Klassenraum mit vielen Personen schnell störend wirkt, ernten sie statt Verständnis leider häufig Ermahnungen. Speziell für Kinder mit hohem Bewegungsdrang lassen sich viele Aufgaben beim Materialgeleiteten Arbeiten durch die Integration von Bewegungselementen an ihre Bedürfnisse anpassen. Dafür eignen sich vor allem Aufgabenformate, bei denen Karten zugeordnet werden müssen, wie dies häufig bei Kistenaufgaben oder Arbeitsmappen der Fall ist (vgl. Schnabel, Voto 2019).

So kann z. B. bei der Kistenaufgabe „Sortierbox Addition“ (vgl. Abb. 11) das Aufgabenkärtchen erst mit dem Rollbrett oder einem Pedalo zur Kiste befördert und dort in den richtigen Schlitz eingeworfen werden. Eine besondere Herausforderung für die Konzentration stellt ein Einrad dar, allerdings sollte der Umgang damit zuvor im Sportunterricht geübt werden.

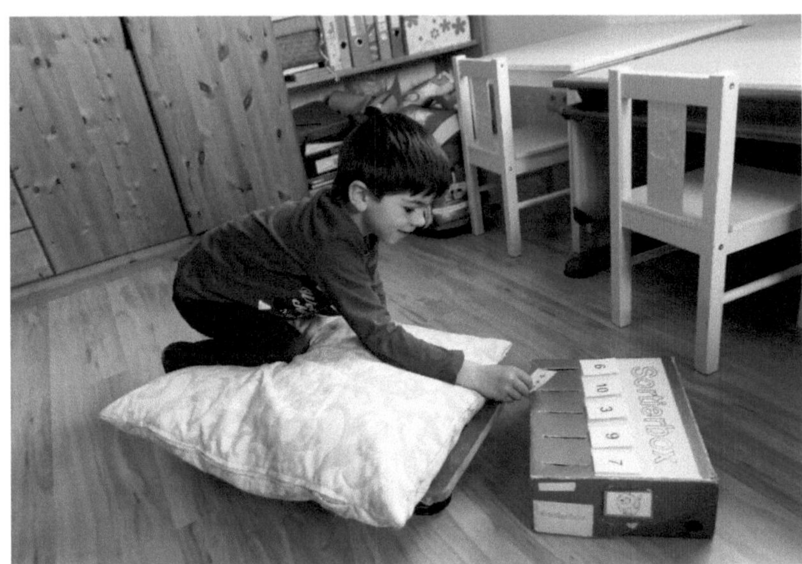

Abb. 11: Kistenaufgabe „Sortierbox Addition“

Ideal ist es, wenn für solche Aufgaben der Flur oder ein Nebenraum mit integriert werden können. Dies kommt dem Geräuschpegel im Klassenzimmer entgegen und verhindert ein Abschweifen der Aufmerksamkeit der anderen Kinder. Ist dies nicht möglich, sollte die Aufgabe zumindest ganz hinten im Klassenzimmer durchgeführt werden und nicht im Sichtfeld der restlichen Klasse.

Eine weitere Möglichkeit, Bewegung ins Spiel zu bringen, zeigt die Kistenaufgabe „Vokabelschrank“ (vgl. Abb. 12) für erstes Fremdsprachenlernen. Die Schubladen sind z. B. mit englischen Tiernamen beschriftet. Die Kinder nehmen sich eine Tierfigur aus dem Korb, balancieren damit über ein auf dem Boden liegendes dickeres Seil und verstauen das Tier in der entsprechenden Schublade.

Abb. 12: Kistenaufgabe „Vokabelschrank“

Eine echte Konzentrationsübung wird es, wenn die Tierfigur auf dem Kopf balanciert und das Seil rückwärtslaufend überwunden wird. Falls vorhanden, eignen sich für Aufgaben dieser Art natürlich auch (umgedrehte) Langbänke oder spezielle Balancierbalken.

Auch bei der Tablettaufgabe zum Anlautezuordnen lässt sich gut Bewegung integrieren, indem der Schüler mit der Bildkarte erst einen Kriechtunnel bewältigen muss, bevor er sie dem richtigen Anlaut zuordnet (vgl. Abb. 13). Das Krabbeln unterstützt durch die Rechts-links-Koordination gleichzeitig die Verknüpfung der beiden Gehirnhälften und damit die Funktionsfähigkeit des Arbeitsgedächtnisses. Dies wirkt sich wiederum positiv auf die Konzentrationsfähigkeit aus.

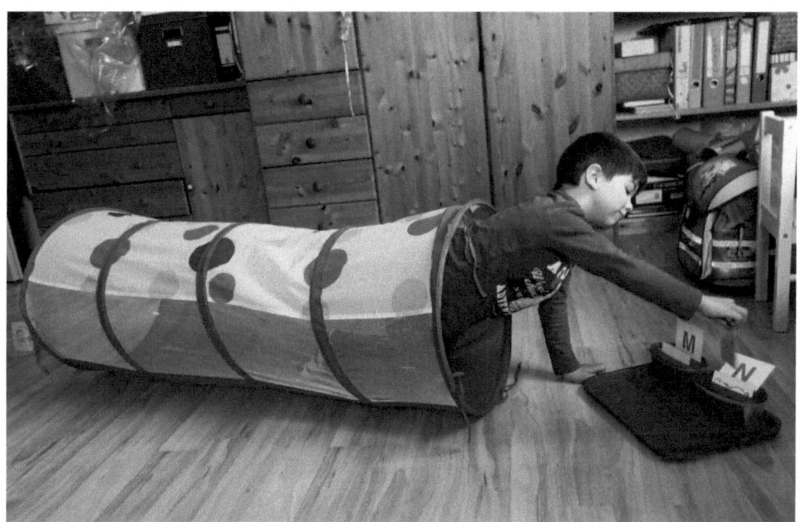

Abb. 13: Tablettaufgabe „Anlaute zuordnen“

Eine weitere Möglichkeit ist, die Kärtchen in einem Kuvert an einem bestimmten Platz im Klassenzimmer zu deponieren. Will das Kind ein Kärtchen z.B. bei der Arbeitsmappe „Laubbäume“ (vgl. Abb. 14) beim richtigen Baumumriss ankletten, muss es erst den Weg zwischen seinem Platz und dem Kuvert zurücklegen.

Abb. 14: Arbeitsmappe „Laubbäume“

4.2.3 Materialideen zur Konzentrationsförderung

Neben dem Üben von Inhalten der klassischen Unterrichtsfächer wie Mathe, Deutsch oder Sachunterricht können auch Materialien eingesetzt werden, die überwiegend der Konzentrationsförderung an sich dienen.

4.2.3.1 Kistenaufgabe „Schritte zählen“ (KV 7)

Bei der Kistenaufgabe „Schritte zählen“ nimmt sich das Kind eine Aufgabenkarte, z.B. mit der Anweisung: „Zähle deine Schritte von deinem Platz bis zur Tafel.“ Das Kind legt den entsprechenden Weg zurück, zählt dabei seine Schritte und kehrt an den Platz zurück. Wichtig ist es, bei der Einführung der Aufgabe mit der Klasse zu besprechen, dass die Schritte dabei nicht laut, sondern nur in Gedanken gezählt werden. Dies ist einerseits förderlich für die eigene Konzentration, da dabei der Fokus ganz auf sich selbst gerichtet wird, andererseits wird so auch die Konzentration der anderen Kinder nicht gestört.

Wieder zurück am Platz überlegt das Kind, zu welcher Mengenangabe sein Schrittergebnis passt, bei 8 Schritten bis zur Tafel z. B. in die Kategorie $5 < x < 10$ und wirft die Karte in den entsprechenden Schlitz. Die Anzahl und Schreibweise der Kategorien muss natürlich an den mathematischen Kenntnisstand der Klasse angepasst werden. Denkbar ist auch die Unterteilung in „mehr als 10 Schritte“ / „weniger als 10 Schritte“.

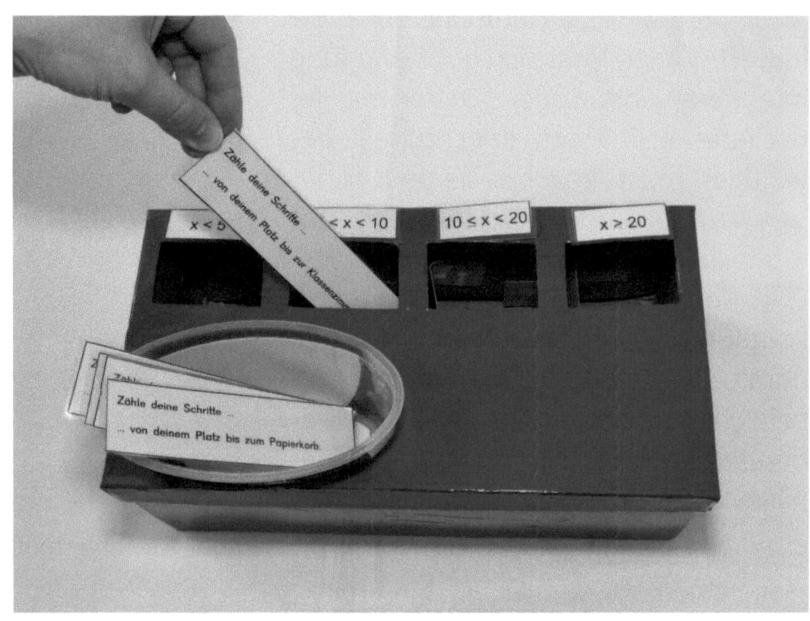

Abb. 15: Kistenaufgabe „Schritte zählen“

In den Kopiervorlagen (vgl. KV 7) befinden sich auch Blankokarten, bei denen die Schüler selbst Ziele eintragen können. Bestimmt sind sie stolz, wenn ihre Karte laminiert und in die Kistenaufgabe aufgenommen wird.

4.2.3.2 Kistenaufgabe „Nüsse sortieren“

Auf einer Sortierbox sind vier verschiedene Nüsse aufgeklebt, z. B. Walnuss, Haselnuss, Erdnuss und Pistazie. Dieselben Nusssorten befinden sich auch in einer großen Schüssel. Aufgabe des Kindes ist es nun, mit geschlossenen Augen die Nüsse richtig in die Kiste einzusortieren. Das Geschlossenhalten der Augen wird den Kindern erleichtert, wenn sie sich eine Augenbinde aufsetzen können. Eine ausführliche Beschreibung mit Fotos, wie diese Augenbinde hergestellt werden kann, befindet sich in den Kopiervorlagen (vgl. KV 50), einmal eine einfache Variante aus Filz und für nähbegeisterte Lehrkräfte eine Nähanleitung für die aufwendigere Ausführung.

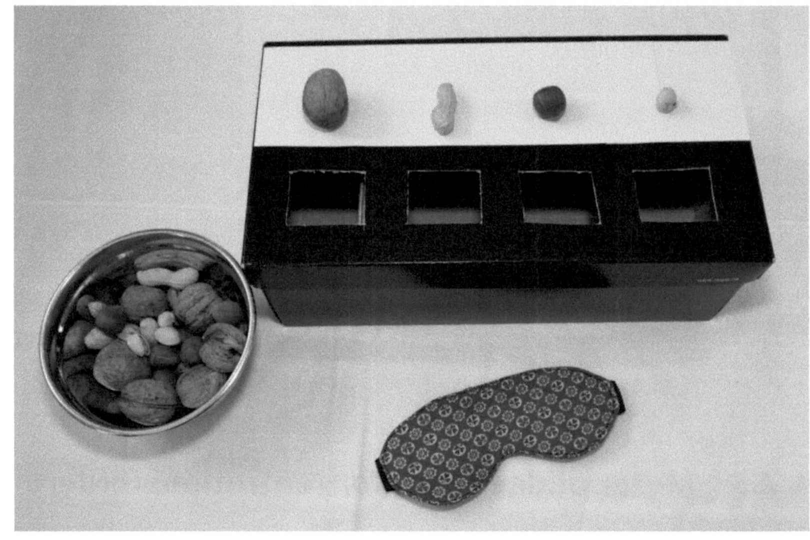

Abb. 16: Kistenaufgabe „Nüsse sortieren“

4.2.3.3 Kistenaufgabe „Körperformen fühlen“ (KV 8)

Der Tastsinn wird auch in der Kistenaufgabe „Körperformen fühlen“ gefordert. In einer Fühlkiste befinden sich verschiedene geometrische Körper. Der Schüler zieht eine Wortkarte, auf der der Name eines geometrischen Körpers zu lesen ist. Der Schüler greift nun in die Fühlkiste und muss die passende Figur ertasten. Auf dem Deckel der Kiste werden Körper und Begriff einander zugeordnet.

Stehen keine passenden Körperformen zur Verfügung, ist es speziell für Kinder, die sonst im Unterricht aufgrund ihrer Konzentrationsschwierigkeiten häufig negative Rückmeldungen erfahren, eine gute Aufgabe, die Körperformen für dieses Material zu basteln. Bestimmt sind sie stolz über die Würdigung, wenn sie zur Erstellung von Unterrichtsmaterial beitragen und so die Lehrperson unterstützen durften. Dazu können die Körpernetzvorlagen (vgl. KV 8) auf dickeren Karton übertragen werden.

Abb. 17: Kistenaufgabe „Körperformen fühlen“

Das Material kann als Anlass genommen werden, um mit den Schülern zu thematisieren, warum es kein Körpernetz der Kugel gibt. Anstatt eines gebastelten Körpers eignet sich hier ein Tischtennisball gut für die Fühlkiste.

Eine schöne Möglichkeit ist auch die Verwendung von lufttrocknender Modelliermasse, um robuste Modelle zu erstellen. Gleichzeitig kommt das Kneten und Formen gerade Kindern mit Konzentrationsschwierigkeiten entgegen.

4.2.3.4 Kistenaufgabe „Spinnennetz-Falle“ (KV 9)

Für diese Übung benötigt die Lehrkraft den Deckel eines Schuhkartons und Wolle. Der Deckel wird an der Seite eingeschnitten und die Wollfäden kreuz und quer gespannt, dass ein Netz entsteht. Nun müssen die „Spinnen“ in Form von Muggelsteinen oder Knöpfen so auf dem Netz platziert werden, dass sie nicht herunterfallen.

Mit dieser Konzentrationsübung können auch verschiedene Rechtschreibübungen verbunden werden. In den Kopiervorlagen findet sich ein Lückentext über Konzi auf Reisen, bei dem die Spinnen alle „s“, „ss“ und „ß“ entführt haben. Das Kind muss das passende Buchstabenkärtchen mithilfe eines Strohhalms (am besten recycelbar aus Papier oder Bambus) aus dem Spinnennetz befreien, indem es dieses ansaugt. Sind die Karten laminiert, können sie zur Aufrechterhaltung der Hygiene regelmäßig mit Desinfektionsmittel abgewischt werden. Bewahren die Schüler ihren Strohhalm unter dem Tisch auf, muss nicht jedes Mal ein neuer verwendet werden.

Beim Herausangeln der Karten mit dem Strohhalm darf das Spinnennetz nicht berührt werden, damit keine Spinne geweckt wird. Das Buchstabenkärtchen muss nun im Lückentext richtig platziert werden.

Neben der Mundmotorik werden vor allem das ruhige Arbeiten und die Auge-Hand-Koordination geschult.

Natürlich kann dieses Aufgabenformat für jede beliebige Zuordnungsaufgabe verwendet werden.

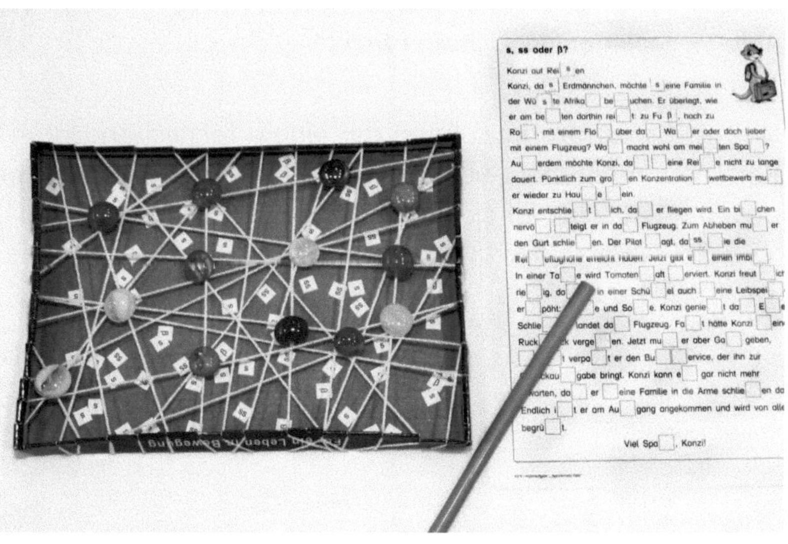

Abb. 18: Kistenaufgabe „Spinnennetz-Falle“

4.2.3.5 Tablettaufgabe „Heißer Draht“

Hier ist volle Konzentration auf eine ruhige Hand gefragt, während die Schlinge den Draht entlanggeführt wird, ohne diesen zu berühren. Ansonsten leuchtet das Lämpchen als Warnsignal auf. Dieses ist einem akustischen Signal vorzuziehen, um die anderen Schüler nicht abzulenken. Hier im Beispiel (vgl. Abb. 19) gibt es eine große und eine kleine Öse, um den Schwierigkeitsgrad entsprechend zu differenzieren.

Zum Bauen eines solchen „heißen Drahtes“ wird zunächst ein einfaches Holzbrett benötigt. Ein ca. ein Meter langer Kupferdraht wird anschließend in eine beliebige Form gebogen. Wenn, wie in unserem Beispiel, ein sehr stabiler Draht verwendet wird, ist dazu etwas Werkzeug notwendig. Am besten funktioniert dies mit einer Telefonzange. Alternativ kann auch ein Schraubstock, in den ein Schraubenzieher gespannt ist, verwendet werden. Der Draht wird dann um den Schraubenzieher gebogen, wozu ein Hammer zu Hilfe genommen werden kann. Das Anfangs- und Endstück des Drahtes wird zu einer Öse gebogen. Auch hierfür dient eine Telefonzange bzw. der Schraubstock mit dem Schraubenzieher als Abkanthilfe. Die Ösen werden dann mit Schrauben auf dem Brett befestigt. Ebenfalls müssen ein Lämpchen (mit Nägeln) und eine Flachbatterie (mit einem starken, doppelseitigen Klebeband) auf dem Brett fixiert werden. Dann wird ein Draht oder eine Krokodilsklemme an einem Ende des „heißen Drahtes“ befestigt und mit dem Lämpchen verbunden. Eine zweite Verdrahtung erfolgt vom Lämpchen zur Batterie und von der Batterie zum Stab. Der Stab kann aus einem Kabel, dessen Enden abisoliert und zu einem Ring gebogen wurden, hergestellt werden. So fungiert das isolierte Stück in der Mitte als Griff. Um eine schöne Rundung zu biegen, empfiehlt es sich, den Draht um einen Besenstiel (große Öse) oder ein kleineres Rundholz (kleine Öse) zu biegen.

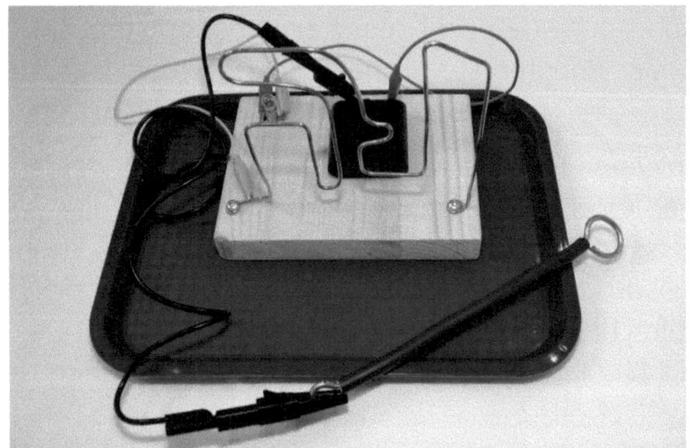

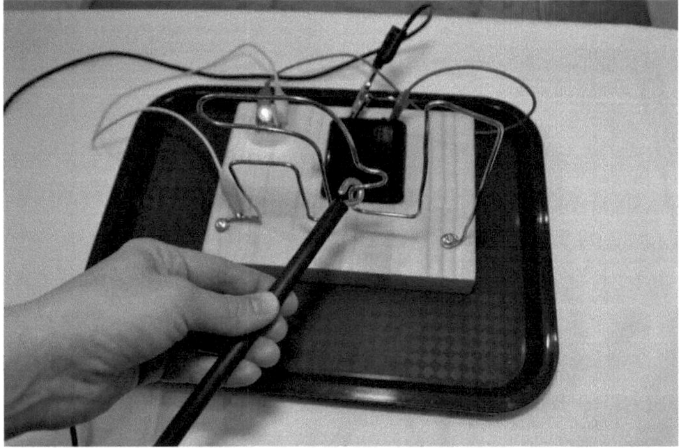

Abb. 19: Tablettaufgabe „Heißer Draht“

Um die Konzentrationsübung mit einem fachlichen Unterrichtsinhalt zu verbinden, können zusätzlich Kärtchen angeboten werden. Zieht der Schüler z.B. die Karte mit der 5, muss er während der Übung das 5er-1×1 leise für sich aufsagen.

4.2.3.6 *Tablettaufgabe „Magnetisches Labyrinth“ (KV 10)*

Die Tablettaufgabe „Magnetisches Labyrinth“ ist eine Abwandlung der klassischen Labyrinth-Übungen.

Die laminierte Kopiervorlage wird auf einen dickeren Karton gelegt. An einen Holzstab wird ein Scheibenmagnet geklebt. Nun gilt es, eine Konzi-Figur, die an einer Büroklammer befestigt ist, auf dem richtigen Weg durch das Labyrinth zu führen. Durch das Umdenken, da sich eine Hand unter dem Labyrinth befindet, werden beide Gehirnhälften aktiviert.

Abb. 20: Tablettaufgabe „Magnetisches Labyrinth“

Diese Konzentrationsübung kann auch mit einem fachlichem Unterrichtsinhalt kombiniert werden, wenn die Figuren, wie in Abbildung 20 zu sehen, mit Zahlen beschriftet sind, die durch das Labyrinth jeweils zu ihrer passenden 1×1-Reihe gebracht werden müssen. In dem beigefügten Material sind auch Zahlen aus dem großen 1×1 enthalten, welche je nach gewünschtem Schwierigkeitsgrad eingesetzt oder ganz einfach weggelassen werden können. Eine beiliegende 1×1-Karte kann zur Selbstkontrolle verwendet werden.

Da die Kopiervorlagen veränderbar sind, kann das Zahlenmaterial an die gewünschten Unterrichtsinhalte angepasst werden.

4.2.3.7 *Tablettaufgabe „Formen-Domino“ (KV 11)*

Beim Formen-Domino müssen die Kinder mit ruhiger Hand Dominosteine entsprechend einer vorgegebenen Form anordnen. Dies ist eine Herausforderung für die Konzentration, da sobald ein Stein kippt, ein Dominoeffekt entsteht und das ganze Gebilde einfällt. Somit wird zugleich die Frustrationstoleranz auf die Probe gestellt.

Wie in Abbildung 21 zu sehen, ist es empfehlenswert, eine Moosgummi-Unterlage zu verwenden. So werden die anderen Kinder nicht gestört, sollte die Dominofigur umkippen. Falls man nicht genügend Dominosteine zur Verfügung hat, eignen sich auch schmale Bauklötze zum Figuren stellen.

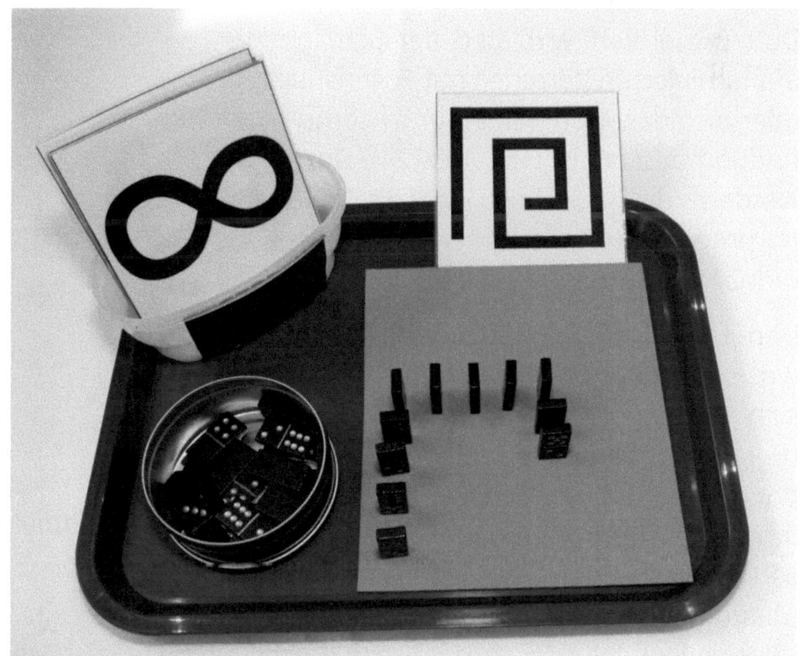

Abb. 21: Tablettaufgabe „Formen-Domino“

In den Kopiervorlagen befinden sich auch Blankokarten, sodass die Kinder selbst kreativ werden können. So bietet sich auch hier die Möglichkeit, die Leistung eines Kindes besonders zu würdigen, indem sein selbst entworfenes Formen-Domino fester Bestandteil des Arbeitsmaterials wird.

4.2.3.8 *Tablettaufgaben „Riechen" (KV 12)*

Den Geruchssinn zu schulen, indem Düfte analysiert und beschrieben werden, bietet besondere Nahrung für das Gehirn und führt zu einer sofortigen Steigerung der *allgemeinen Aufmerksamkeit*, da beim bewussten Riechen bis zu einem Drittel des Gehirns aktiviert wird (vgl. Kap. 4.1.1).

Als einfache Riechaufgabe kann ein „Riech-Memo" zur Zuordnung von gleichen Düften angeboten werden, wie in Abbildung 22 zu sehen. Abbildung 23 zeigt die Tablettaufgabe „Riech-Detektiv". Auf einem Tablett werden Riechdosen oder Duftölfläschchen angeordnet. Aus einer Box zieht das Kind eine Wortkarte (vgl. KV 12), auf der z.B. das Wort *Zwiebel* steht, und muss nun den entsprechenden Duft erschnüffeln. Es ist gar nicht so leicht, Wortkarten und Dosen richtig einander zuzuordnen.

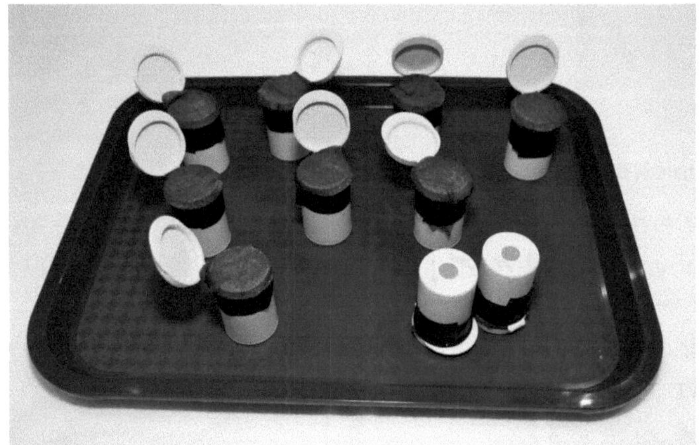

Abb. 22: Tablettaufgabe „Riech-Memo"

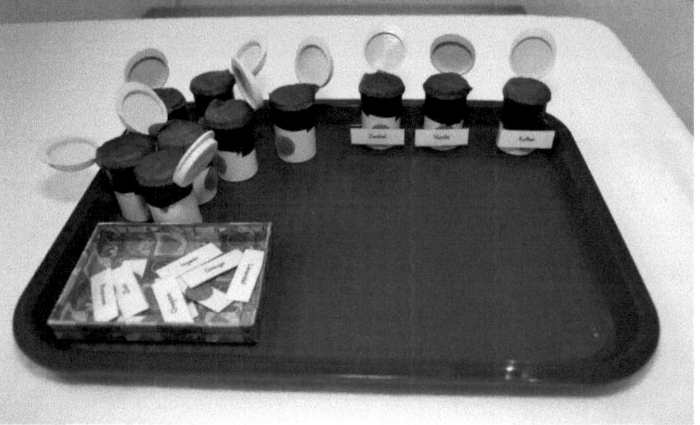

Abb. 23: Tablettaufgabe „Riech-Detektiv"

Noch schwieriger wird es bei der Aufgabe „Düfte beschreiben", wenn nur der Duft präsentiert wird und der Schüler auf laminierten Kärtchen mit Folienstift oder im Konzi-Heft seine Geruchsempfindung beschreibt (vgl. Abb. 24). Dazu werden die Döschen entsprechend nummeriert, um die Karten später zuordnen zu können.

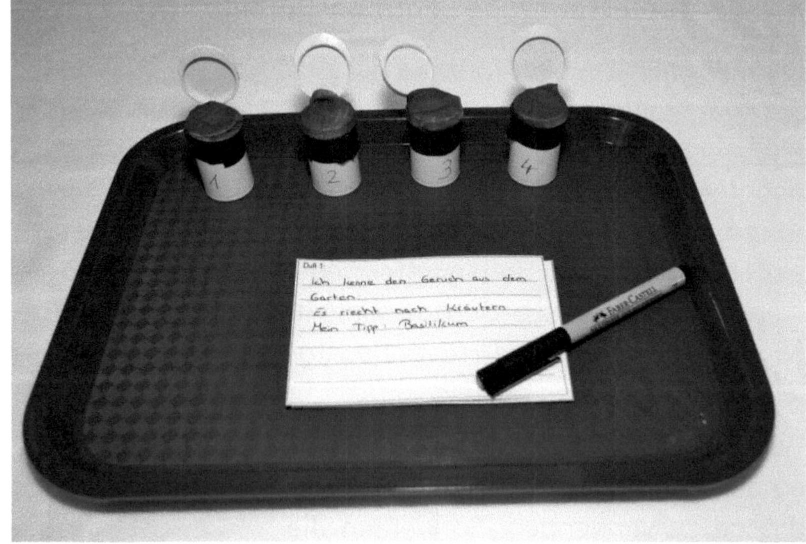

Abb. 24: Tablettaufgabe „Düfte beschreiben"

Damit die Schüler nicht sofort sehen, was sich in der Dose befindet, sondern sich nur auf ihren Geruchssinn konzentrieren, müssen die Dosen vorher präpariert werden. Die Schüler sollen den Inhalt riechen können, ihn aber nicht sehen. Dazu haben wir ein Stoffstück über die offene Dose gestülpt und mit Klebeband befestigt. Als Stoff kann z.B. eine blickdichte Strumpfhose verwendet werden, da diese geruchsdurchlässig ist. Wird Duftöl verwendet, ist dies natürlich nicht notwendig. Hier eignet sich ein Wattebausch als Geruchsträger. Als Dosen haben wir Medikamentendöschen verwendet, es könnten aber auch alte Filmdosen oder andere Behältnisse „upgecycelt" werden.

Selbstverständlich gibt es auch fertige Geruchsdosen zu kaufen.

4.2.3.9 *Tablettaufgabe „Herr der Ringe“*

Bei dieser Aufgabe ist wiederum der Tastsinn besonders gefordert. Auf einem Tablett werden Gummiringe präsentiert, die am Rand unterschiedlich eingeschnitten oder bei denen verschiedene Muster eingestanzt sind (z. B. mit einem Motivstanzer). Jeweils zwei Ringe haben dasselbe Muster. Diese Paare müssen nun mit geschlossenen Augen (Augenbinde!) ertastet werden. Diese Aufgabe zeigt, wie leicht Alltagsmaterialien als Fördermaterialien eingesetzt werden können. In der Literatur finden sich hierzu vielfältige Ideen, so z. B. bei Jutta Bläsius: „Wahrnehmung und Konzentration fördern“ (2006).

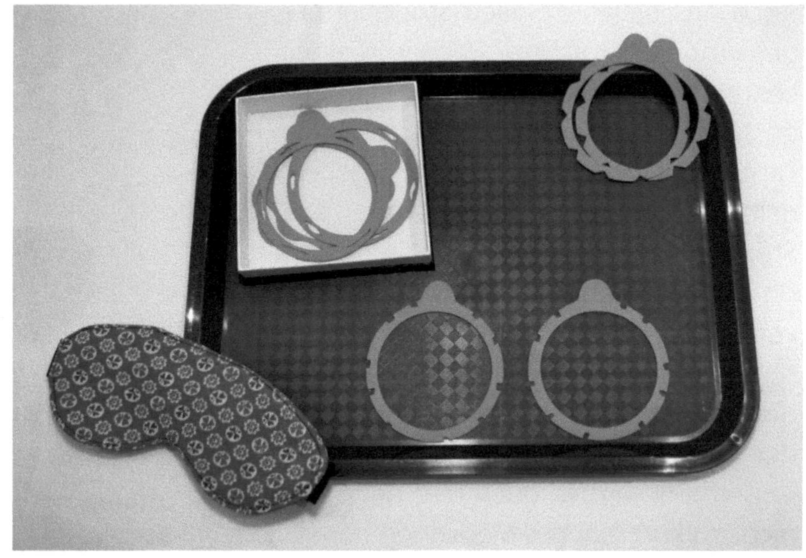

Abb. 25: Tablettaufgabe „Herr der Ringe“

4.2.3.10 *Tablettaufgabe „Schachteln schütteln“ (KV 13)*

In kleinen Schachteln sind verschiedene Alltagsgegenstände versteckt, z. B. Kastanien, Nudeln, Glasmurmeln, Knopf, Wattebausch, Radiergummi usw. Dazu gibt es eine Abbildung des jeweiligen Gegenstandes. Durch Schütteln ordnen die Kinder die Schachteln dem richtigen Bild zu. Neben der akustischen Wahrnehmung kann es die Kinder auch auf die richtige Spur bringen, wenn sie darauf achten, wie sich der Gegenstand in der Schachtel verhält, wenn man diese bewegt, also auch Kategorien wie Größe und Gewicht mit berücksichtigt werden.

Abb. 26: Tablettaufgabe „Schachteln schütteln“

Noch mehr Spürsinn (und sorgfältiges Lesen) ist gefragt, wenn zusätzlich unterschieden werden muss, ob sich in der Schachtel nur ein Gegenstand befindet, also z. B. die Karte „die Büroklammer“ zugeordnet werden muss oder ob doch die Karte „die Büroklammern“ passt.

In den Kopiervorlagen sind die Zuordnungskärtchen als Wort-Bild-Karten angeboten (vgl. KV 13). Da die Kopiervorlagen im Word-Format aber veränderbar sind, können die Bilder leicht entfernt werden, falls sich die Schüler ganz auf das genaue Lesen konzentrieren sollen.

Um die nötige Anzahl an Schachteln zu bekommen, helfen die Kinder sicher gerne mit, einfache Origami-Schachteln zu falten. An sich bereits eine Übung der Konzentration! Eine Faltanleitung befindet sich bei den Kopiervorlagen.

4.2.3.11 Tablettaufgabe „Speed-Stacking“ (KV 14)

Auch das beliebte Speed-Stacking, bei dem möglichst schnell Becher in einer bestimmten Weise auf- und wieder abgestapelt werden, lässt sich zur Konzentrationsförderung in das Materialgeleitete Arbeiten integrieren. Das Stapeln fördert nicht nur die Auge-Hand-Koordination und das Reaktionsvermögen, sondern durch das Arbeiten mit beiden Händen und die Kreuzung der Körpermitte auch die Verknüpfung der linken und rechten Gehirnhälfte. Außerdem kommt auch hier der Spaß nicht zu kurz, sodass Motivation garantiert ist.

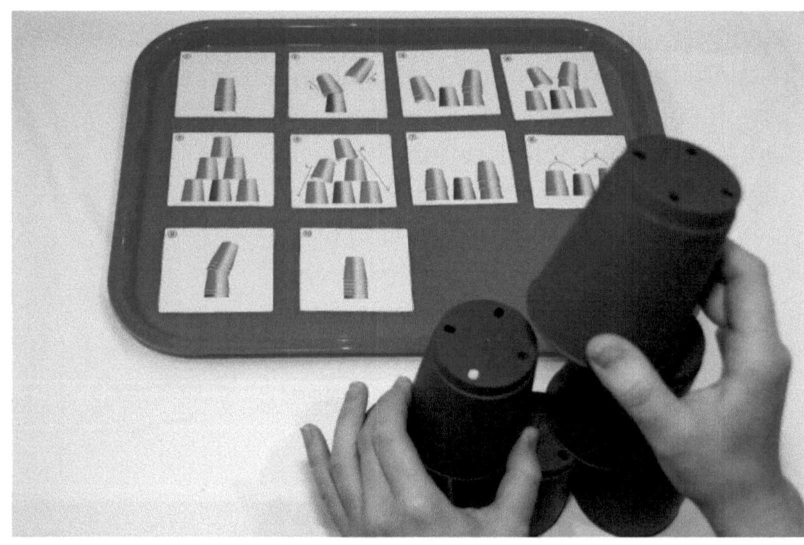

Abb. 27: Tablettaufgabe „Speed-Stacking“

Die Anleitung, wie gestapelt wird, kann am anschaulichsten als Video präsentiert werden, wenn in der Klasse ein Tablet oder ein Laptop zu Verfügung stehen. Achtet man beim Kauf eines Speed-Stacking-Becher-Sets darauf, dass auch eine Anleitungs-DVD beiliegt, können Ausschnitte daraus verwendet werden. Alternativ kann auch die Stapelanleitung aus den Kopiervorlagen verwendet werden (vgl. KV 14).

4.2.3.12 Tablettaufgabe „Wäscheleine“

Nach dem Waschen sind alle Socken durcheinandergeraten. Aufgabe des Kindes ist es, mit geschlossenen oder verbundenen Augen (vgl. KV 50) die richtigen Paare zu finden und mit einer Wäscheklammer an die Wäscheleine zu hängen. Damit die Socken blind ertastet werden können, sollten sich die Socken deutlich in Material und Größe unterscheiden.

Zum Aufbauen einer Wäscheleine eignet sich gut Styropor, in das zwei Holzstäbe gesteckt werden. So ist kein Schrauben usw. notwendig.

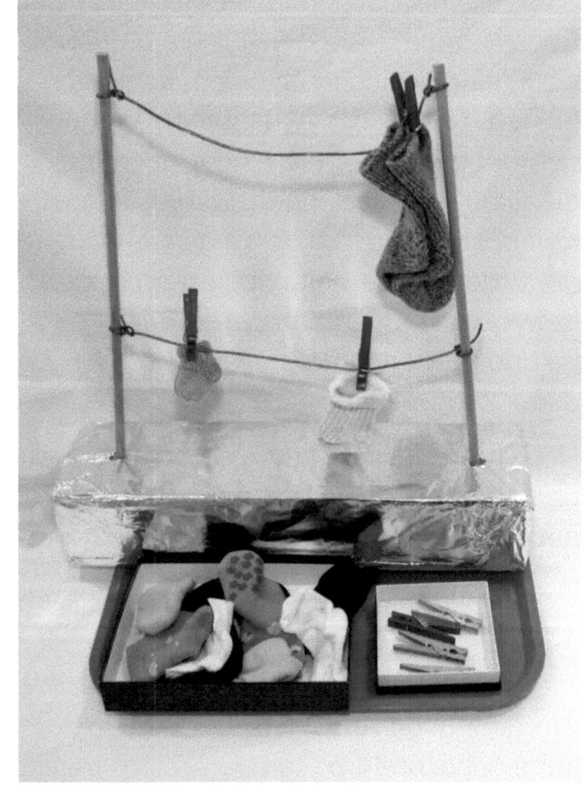

Abb. 28: Tablettaufgabe „Wäscheleine“

4.2.3.13 Tablettaufgabe „Krawatte binden“ (KV 15)

Konzentrationsarbeit lässt sich auch mit lebenspraktischen Fähigkeiten verbinden. Wer kennt nicht das Bild eines Mannes, der hoch konzentriert vor dem Spiegel steht und mit einer Krawatte kämpft?

Bei dieser Tablettaufgabe dürfen sich die Kinder selbst als Krawattenbinder betätigen und das Ergebnis im Spiegel begutachten. Die Anleitung zur richtigen Bindetechnik findet sich in den Kopiervorlagen (vgl. KV 15).

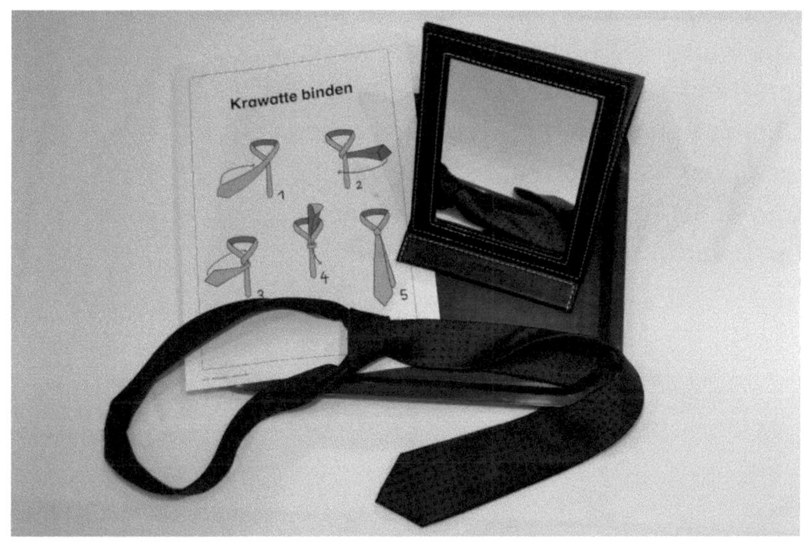

Abb. 29: Tablettaufgabe „Krawatte binden“

4.2.3.14 Tablettaufgabe „Sicherheitsnadeln“

Auch Alltagsanforderungen können mit Konzentrationsübungen verbunden werden. So will z. B. das Anbringen von Sicherheitsnadeln gelernt sein. In dieser Übung kann dies mit vielfältigen Zuordnungsaufgaben kombiniert werden. In unserem Beispiel aus dem Lernbereich Deutsch werden Stoffstücke mit Stoffmalfarben beschriftet. Große Stoffstücke werden mit den Überbegriffen „Verben“, „Nomen“ und „Adjektive“ beschriftet. Kleinere Stoffstücke zeigen Wörter wie „klettern“, „Rennauto“ oder „schön“. Aufgabe der Kinder ist es, die kleinen Stoffstücke mit Sicherheitsnadeln an den entsprechenden großen Stoffstücken zu befestigen.

Abb. 30: Tablettaufgabe „Sicherheitsnadeln“

4.2.3.15 Arbeitsmappe „Konzi tanzt aus der Reihe“ (KV 16)

Bei der Arbeitsmappe „Konzi tanzt aus der Reihe“ (vgl. Abb. 31) muss sich der Schüler ganz auf die verschiedenen Darstellungen von Konzi konzentrieren, um herauszufinden, welcher Konzi aus der Reihe tanzt. Ist die abweichende Figur gefunden, muss sie mit der richtigen Karte überklettet werden.

Diese Aufgabe kann leicht im Anspruch variiert werden. So ist der abweichende Konzi schnell gefunden, wenn er z. B. als Einziger in der Reihe eine Sonnenbrille trägt. Schwieriger wird es, wenn nur ein kleines Detail, wie z. B. ein Fellstreifen, verändert wurde.

Um die Aufgabe noch anspruchsvoller zu gestalten, kann sich auch generell jede Konzi-Reihe von den anderen unterscheiden, sodass auch noch beim Überkletten der richtige Konzi gefunden werden muss. Auch kann die Anzahl der abweichenden Konzis in jeder Reihe variiert werden.

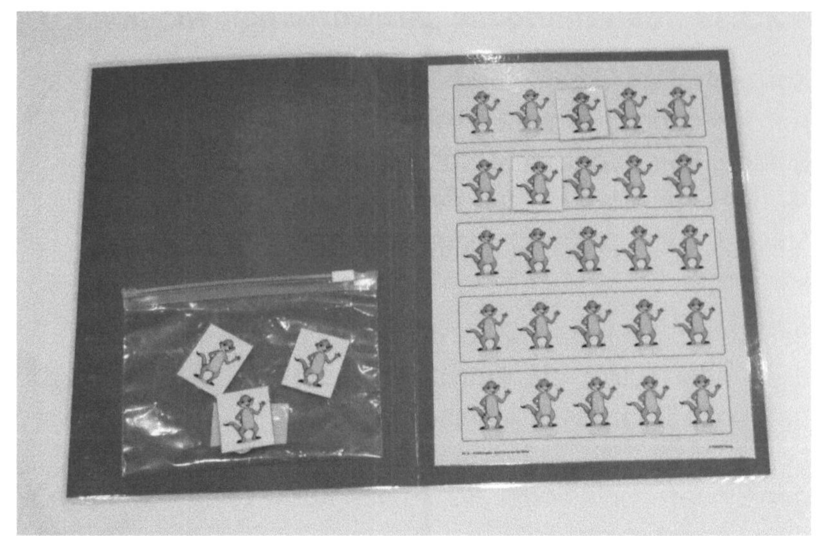

Abb. 31: Arbeitsmappe „Konzi tanzt aus der Reihe“

4.2.3.16 Arbeitsmappe „Buchstaben-Spürnase“ (KV 17)

Bei dieser Arbeitsmappe dürfen die Kinder in jeder Reihe den gesuchten Buchstaben aufspüren und einkreisen. Verwendet man einen Folienstift mit einer Filzkappe, lässt sich die Arbeitsmappe wieder leicht sauber wischen, ohne dass durch Hantieren mit Wasser Unruhe aufkommt. Die Anzahl der gefundenen Buchstaben schreibt das Kind am Ende der Zeile in das Lösungskästchen. In den Kopiervorlagen (vgl. KV 17) befindet sich auch eine Lösungskarte. Diese lässt sich gut mit Klett auf der Rückseite der Arbeitsmappe anbringen. Wird die Lösungskarte neben die Arbeitsmappe gehalten, kann das Kind selbst kontrollieren, ob es alle Buchstaben in einer Reihe gefunden hat.

Abb. 32: Arbeitsmappe „Buchstaben-Spürnase“

4.2.3.17 Arbeitsmappe „Farbwörter undercover“ (KV 18)

Die Arbeitsmappe „Farbwörter undercover“ ist ähnlich aufgebaut wie die vorhergehende Arbeitsmappe, allerdings gilt es nun, das gesuchte Farbwort in der Reihe zu finden. Dabei ist eine besonders gute Konzentration gefragt, die Farbwörter haben sich nämlich getarnt, indem alle ihre Farben getauscht haben.

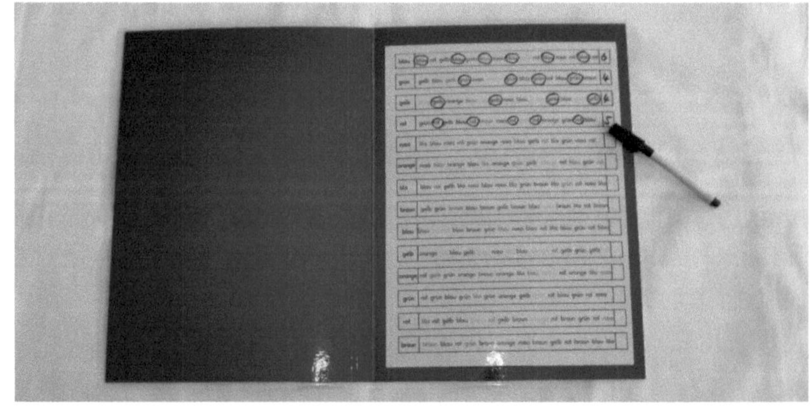

Abb. 33: Arbeitsmappe „Farbwörter undercover“

Diese Konzentrationsübung basiert auf dem bekannten Stroop-Test des amerikanischen Psychologen John Ridley Stroop (1897–1973). Stimmen visueller Eindruck und inhaltliche Information nicht überein, interferieren zwei im Gehirn parallel ablaufende Verarbeitungsprozesse und es kommt es zu dem sogenannten „Stroop-Effekt“. Das Gehirn muss sich erst neu sortieren, damit es die Aufgabe korrekt lösen kann. Es ist einiges an Konzentration notwendig, damit das Kind, wenn das Farbwort „blau“ gesucht wird, in der Reihe auch nur die Wörter „blau“ einkreist und nicht alle anderen Farbwörter, die blau gedruckt sind.

Zur Kontrolle schreibt der Schüler die Anzahl der eingekreisten Wörter an das Ende der Zeile, die er am Schluss mit der Lösungskarte vergleichen kann.

4.2.3.18 Arbeitsmappe „Treppauf – treppab“ (KV 19)

Auch bei dieser Arbeitsmappe ist Konzentration gefragt. Auf der linken Seite befinden sich Zahlenkarten mit farbigen Rahmen in einem Zippbeutel. Braucht ein Kind mehr Struktur, können, wie in Abbildung 34 zu sehen, auf der linken Mappenseite Klettstreifen angebracht werden, an denen die Zahlenkarten übersichtlich befestigt werden. Auf der rechten Mappenseite gibt eine Treppe jeweils an, ob die Zahlenkarten aufsteigend oder absteigend angeordnet werden müssen. Der farbige Rahmen gibt vor, welche Zahlenkarten für die Zahlenreihe verwendet werden sollen.

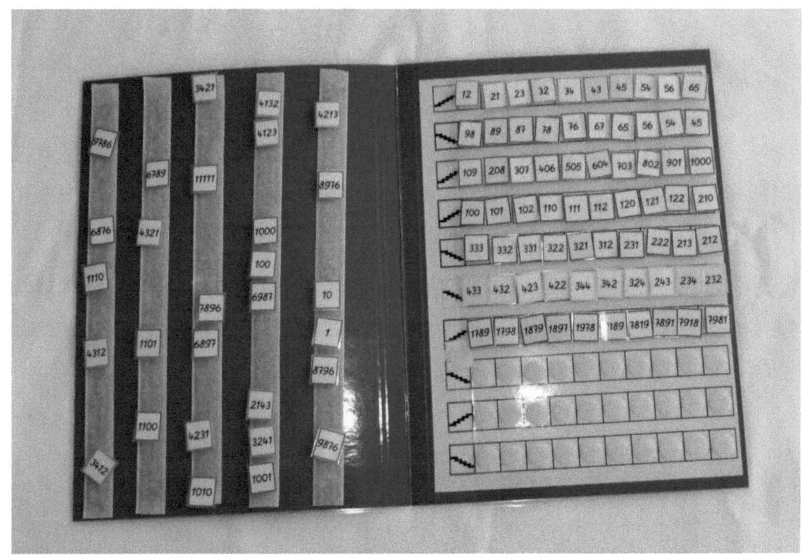

Abb. 34: Arbeitsmappe „Treppauf – treppab“

Neben der Konzentration wird bei dieser Arbeitsmappe auch der flexible Umgang mit der Zahlenreihe geübt. Eine Differenzierung lässt sich leicht durch die Wahl des Zahlenraumes erreichen, der in den Kopiervorlagen (vgl. KV 19) problemlos an die eigenen Schüler angepasst werden kann.

Besonders große Konzentration ist gefragt, wenn die Zahlen einer Reihe alle aus denselben Ziffern gebildet sind, also z. B. die Zahlenkärtchen 1789, 1879, 1798 usw. aufsteigend angeordnet werden müssen.

Wird die Seite aus den Kopiervorlagen mit den Zahlenkarten noch einmal ausgedruckt, steht gleich eine Selbstkontrolle zur Verfügung.

4.2.3.19 Arbeitsmappe „Faden-Wirrwarr“ (KV 20)

Jetzt ist genaues Hinschauen gefragt, vor allem die Figur-Grund-Wahrnehmung wird bei dieser Arbeitsmappe geschult. Wird die Arbeitsmappe aufgeklappt, sieht sich das Kind einem Faden-Wirrwarr gegenüber. Links und rechts sind die Fadenenden an der Arbeitsmappe fixiert. Dazu wird für jeden Faden ein kleines Loch in die Arbeitsmappe gestanzt, der Faden hindurchgefädelt und auf der Rückseite festgeknotet. Ganz links am Mappenrand sind Bildkarten untereinander abgebildet. Von jeder Bildkarte geht ein Faden los. Nun heißt es, zu jeder Bildkarte das passende Reimwort zu finden und dieses am anderen Ende des Fadens anzukletten. Da die Fäden in der Mitte nicht fixiert und deutlich länger sind als die Mappe breit, ergibt sich ein wildes Durcheinander der Fäden. Die Kinder dürfen den Weg des

Fadens nur mit den Augen verfolgen. Erst am Schluss werden die Fäden zur Kontrolle mit dem Finger gespannt. Ob die Reimwörter richtig gefunden wurden, erfährt das Kind anhand der Kontrollkarte auf der Mappenrückseite, dazu einfach die Kopiervorlage (vgl. KV 20) noch einmal ausdrucken.

Da die Aufgabe durchaus anspruchsvoll ist, können auch zwei verschiedene Fädenfarben verwendet werden, die dann immer abwechselnd angeordnet werden.

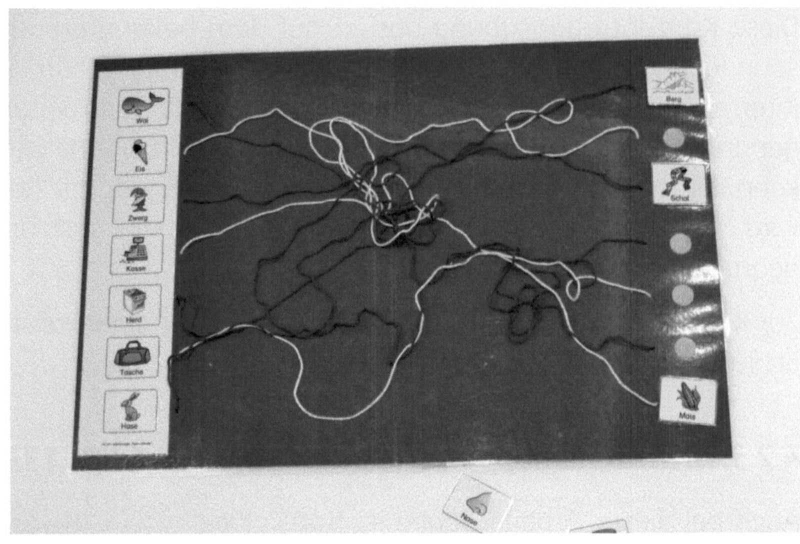

Abb. 35: Arbeitsmappe „Faden-Wirrwarr"

In den Kopiervorlagen ist die Arbeitsmappe mit Wort-Bild-Karten angeboten. Im veränderbaren Word-Format können die Karten aber schnell angepasst werden, je nachdem ob der Schwerpunkt auf das genaue Lesen oder das genaue Hören gelegt wird. Dazu können einfach entsprechend die Bilder oder die Schrift entfernt werden.

Sollen die Schüler die passenden Reimwörter selbst schreiben, findet man dazu ebenfalls eine Variante bei den Kopiervorlagen. Hier befinden sich am anderen Ende der Fäden Linien, auf denen die Reimwörter mit Folienstift notiert werden. Zur Selbstkontrolle kann ein Reimwörterbuch beigelegt werden.

Kurz & knapp:

Materialgeleitetes Arbeiten steigert die Konzentration durch ...

- eine klare Strukturierung mit festen Aufgabentypen
- einen handelnden Zugang zu Unterrichtsinhalten
- motivierende Aufgaben, die Spaß machen
- Adaption von Aufgaben für Kinder mit hohem Bewegungsdrang
- Integration von speziellen Materialien zur Konzentrationsförderung

5 Konzentration als Unterrichtsthema

Auch wenn man in der Regel nur einzelne Kinder in der Klasse hat, die ausgeprägte Konzentrationsschwierigkeiten haben, bietet sich die Erarbeitung des Themas für die ganze Klasse an. Denn schließlich hat die Konzentrationsfähigkeit eine größere Vorhersagekraft für den Schulerfolg als der IQ (vgl. Korte 2011, 96). Die folgenden Unterrichtsanregungen sind nicht auf Klassenstufen bezogen, sondern es können je nach Bedarf passende Bausteine für die eigene Klasse ausgewählt werden.

5.1 Was brauche ich? (KV 21)

Als Einstieg in das Thema begegnet den Schülern auch hier wieder Konzi in einer von der Lehrkraft erzählten Geschichte (vgl. KV 21): Konzi braucht mal wieder ewig für die Hausaufgaben. Schnell erkennen die Kinder den Grund. Konzi kann sich nicht konzentrieren, da ihn das vor sich hindudelnde Radio sowie das Handy und die Spielsachen auf dem Tisch immer wieder ablenken. Außerdem hat er Durst und am Vortag hat er das Erdmännchen-Fußballspiel im Fernsehen angeschaut, das auch noch in die Verlängerung ging, sodass er viel zu spät ins Bett kam.

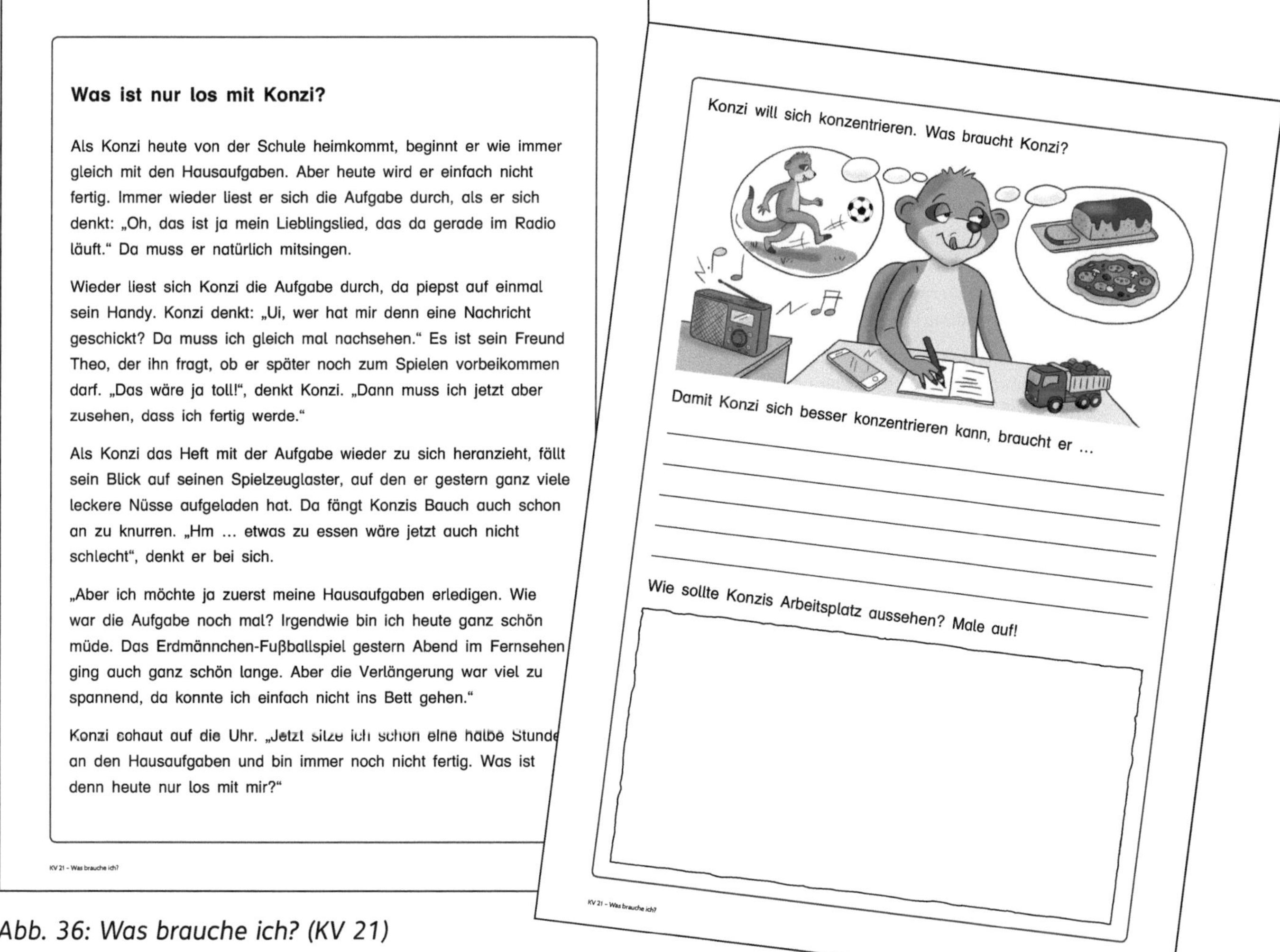

Was ist nur los mit Konzi?

Als Konzi heute von der Schule heimkommt, beginnt er wie immer gleich mit den Hausaufgaben. Aber heute wird er einfach nicht fertig. Immer wieder liest er sich die Aufgabe durch, als er sich denkt: „Oh, das ist ja mein Lieblingslied, das da gerade im Radio läuft." Da muss er natürlich mitsingen.

Wieder liest sich Konzi die Aufgabe durch, da piepst auf einmal sein Handy. Konzi denkt: „Ui, wer hat mir denn eine Nachricht geschickt? Da muss ich gleich mal nachsehen." Es ist sein Freund Theo, der ihn fragt, ob er später noch zum Spielen vorbeikommen darf. „Das wäre ja toll!", denkt Konzi. „Dann muss ich jetzt aber zusehen, dass ich fertig werde."

Als Konzi das Heft mit der Aufgabe wieder zu sich heranzieht, fällt sein Blick auf seinen Spielzeuglaster, auf den er gestern ganz viele leckere Nüsse aufgeladen hat. Da fängt Konzis Bauch auch schon an zu knurren. „Hm ... etwas zu essen wäre jetzt auch nicht schlecht", denkt er bei sich.

„Aber ich möchte ja zuerst meine Hausaufgaben erledigen. Wie war die Aufgabe noch mal? Irgendwie bin ich heute ganz schön müde. Das Erdmännchen-Fußballspiel gestern Abend im Fernsehen ging auch ganz schön lange. Aber die Verlängerung war viel zu spannend, da konnte ich einfach nicht ins Bett gehen."

Konzi schaut auf die Uhr. „Jetzt sitze ich schon eine halbe Stunde an den Hausaufgaben und bin immer noch nicht fertig. Was ist denn heute nur los mit mir?"

KV 21 – Was brauche ich?

Konzi will sich konzentrieren. Was braucht Konzi?

Damit Konzi sich besser konzentrieren kann, braucht er ...

Wie sollte Konzis Arbeitsplatz aussehen? Male auf!

KV 21 – Was brauche ich?

© PERSEN Verlag

Abb. 36: Was brauche ich? (KV 21)

Im Anschluss an die Geschichte lassen sich einzelne Fragen zum Thema Konzentration gemeinsam mit den Kindern erörtern. Was braucht Konzi, um sich besser konzentrieren zu können? Die Kinder sollten dann mithilfe des Bildes (vgl. Abb. 36), das auch in den Kopiervorlagen zu finden ist (vgl. KV 21), darauf kommen, wie wichtig es ist, dass Konzi genügend isst und trinkt, da sich Durst oder ein hungriger Magen negativ auf die Konzentrationsfähigkeit auswirken. An den müden Augen von Konzi erkennen die Kinder schnell, dass ausreichend Schlaf ebenfalls wichtig ist und das Radio weist darauf hin, dass Konzi zum Arbeiten Ruhe braucht. Auch die ablenkenden Reize auf dem Tisch, wie das Smartphone und die Spielsachen, sollten ihnen auffallen. Über die Geschichte und das Bild kommt man mit den Kindern ins Gespräch über dieses abstrakte Thema. So können sie selbst darüber nachdenken, was sie für eine gute Konzentration brauchen.

5.2 Was stört mich? (KV 22 + KV 23)

Nach dieser ersten allgemeinen Einführung geht es nun konkret um Störfaktoren, die in äußere und innere Faktoren unterschieden werden (vgl. Kap. 1.4). Jetzt wird eine weitere Konzi-Geschichte präsentiert (vgl. KV 22). Konzi sitzt im Unterricht und möchte eigentlich dem Lehrer zuhören, der an der Tafel etwas erklärt. Doch plötzlich fängt ein Bagger auf der Baustelle vor dem Fenster an zu graben ... Was da wohl passiert? Außerdem muss er noch an die Pause denken, in der er sich mit seinem besten Freund Luis gestritten hat. Es war ja auch wirklich blöd, dass er beim Fußballspielen über Luis Bein gestolpert ist. Ob Luis das wohl absichtlich gemacht hat? ...

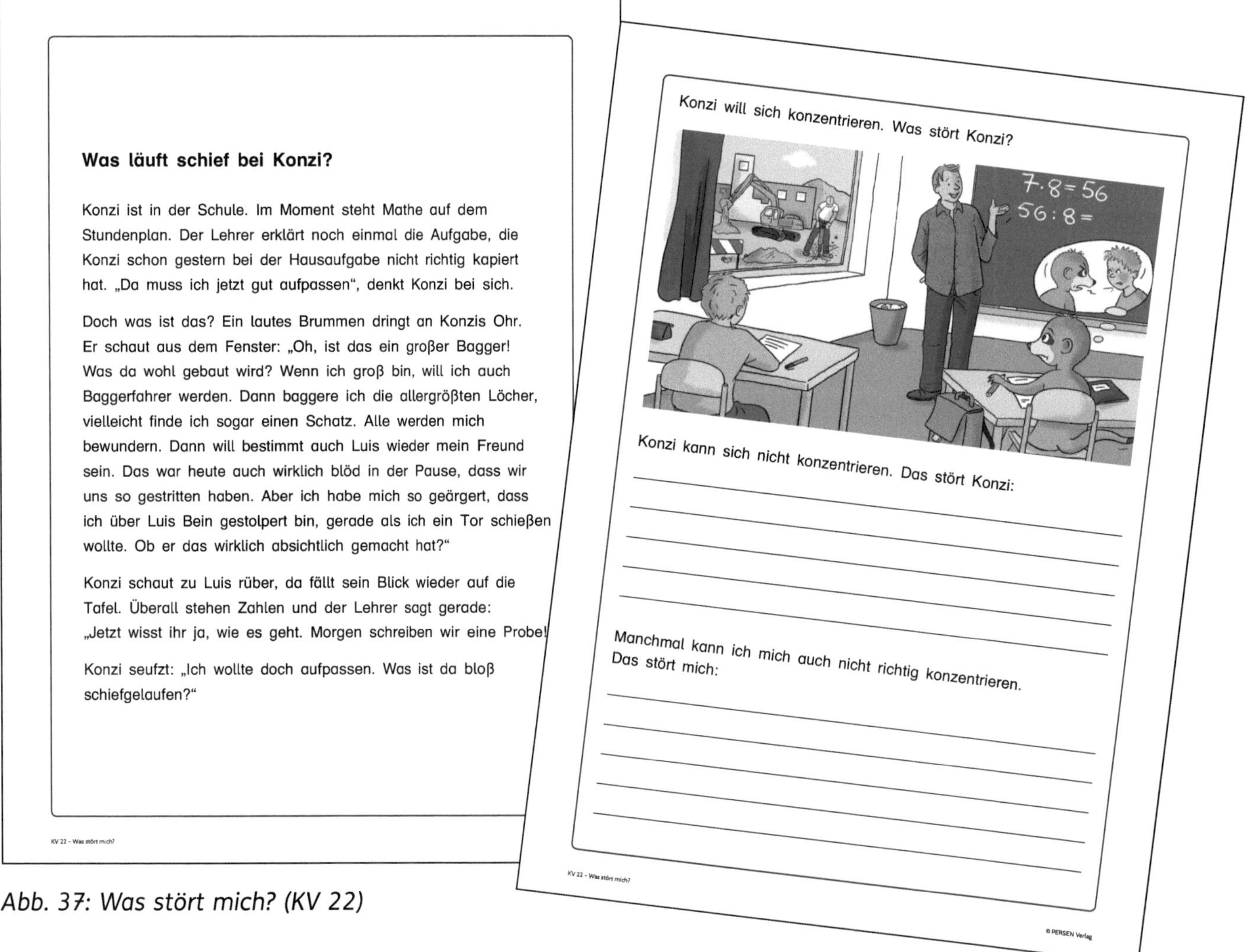

Was läuft schief bei Konzi?

Konzi ist in der Schule. Im Moment steht Mathe auf dem Stundenplan. Der Lehrer erklärt noch einmal die Aufgabe, die Konzi schon gestern bei der Hausaufgabe nicht richtig kapiert hat. „Da muss ich jetzt gut aufpassen", denkt Konzi bei sich.

Doch was ist das? Ein lautes Brummen dringt an Konzis Ohr. Er schaut aus dem Fenster: „Oh, ist das ein großer Bagger! Was da wohl gebaut wird? Wenn ich groß bin, will ich auch Baggerfahrer werden. Dann baggere ich die allergrößten Löcher, vielleicht finde ich sogar einen Schatz. Alle werden mich bewundern. Dann will bestimmt auch Luis wieder mein Freund sein. Das war heute auch wirklich blöd in der Pause, dass wir uns so gestritten haben. Aber ich habe mich so geärgert, dass ich über Luis Bein gestolpert bin, gerade als ich ein Tor schießen wollte. Ob er das wirklich absichtlich gemacht hat?"

Konzi schaut zu Luis rüber, da fällt sein Blick wieder auf die Tafel. Überall stehen Zahlen und der Lehrer sagt gerade: „Jetzt wisst ihr ja, wie es geht. Morgen schreiben wir eine Probe!"

Konzi seufzt: „Ich wollte doch aufpassen. Was ist da bloß schiefgelaufen?"

KV 22 - Was stört mich?

Konzi will sich konzentrieren. Was stört Konzi?

Konzi kann sich nicht konzentrieren. Das stört Konzi:

Manchmal kann ich mich auch nicht richtig konzentrieren. Das stört mich:

KV 22 - Was stört mich?

© PERSEN Verlag

Abb. 37: Was stört mich? (KV 22)

Mithilfe der Kopiervorlage kommen die Kinder darauf, was Konzi an der Konzentration hindert: zum einen der Lärm auf der Baustelle, zum anderen die Gedanken an den Streit mit seinem Freund. Im Anschluss daran überlegen sie, wann es ihnen schon einmal so ergangen ist wie Konzi und was sie selbst alles vom konzentrierten Arbeiten ablenken kann.

Um noch tiefer in die Metaebene einzusteigen, bietet sich die Konzi-Geschichte auch an, um mit den Kindern die Unterscheidung in innere und äußere Störfaktoren zu erarbeiten. Dazu kann ein Arbeitsblatt angeboten werden (vgl. KV 23), auf dem verschiedene visuelle, akustische, körperbezogene und emotionale Störfaktoren abgebildet sind. Aufgabe der Schüler ist es, jeweils zu unterscheiden, ob dies ein Störfaktor ist, der von außen kommt oder ob etwas in den Gedanken passiert, das von der Konzentration ablenkt.

Sind die Kinder für die Voraussetzungen für konzentriertes Arbeiten und für mögliche Ursachen, die die Konzentration stören, sensibilisiert, wird gemeinsam erarbeitet, welche Maßnahmen in der Klasse umgesetzt werden können, um Konzentration für alle zu erleichtern.

Kinder sind dabei in der Regel sehr kreativ und kommen selbst auf die besten Ideen zur Umsetzung. Einige Anregungen bietet aber auch das folgende Kapitel.

5.3 So mach ich's!

„Die Entwicklung der Konzentrationsfähigkeit besteht unter anderem im aktiven und bewussten Ausschalten von Umgebungsreizen" (Schubert 2014, 16). Mindestens genauso bedeutsam ist die Aufarbeitung von emotionalen Ablenkungen, da diese besonders viel Kapazität des Arbeitsgedächtnisses für sich beanspruchen. Damit aus dem Klassenzimmer ein Ort wird, an dem sich alle möglichst gut konzentrieren können, werden mit den Kindern verschiedene Maßnahmen erarbeitet.

5.3.1 Klassenregeln für ein konzentrationsförderndes Umfeld (KV 24 + KV 25)

Klassenregeln, die speziell auf ein konzentrationsförderndes Umfeld abzielen, helfen dabei, die äußeren und inneren Störfaktoren in der Klasse zu minimieren. Mögliche Regeln können lauten:

- Wir lassen den anderen ausreden.
- Wir unterhalten uns nur im Flüsterton.
- Wir schleichen leise durch das Klassenzimmer.
- Wir halten Ordnung.
- Wir respektieren einander.
- ...

Konzi zeigt auf großen Regelkarten zum Aufhängen im Klassenzimmer, wie es geht (vgl. KV 24). Einen besonderen Bezug zu den Regeln bekommen die Kinder, wenn statt der vorgefertigten Regelkarten sie selbst in einer passenden Pose fotografiert werden. Hier bietet sich innerhalb des Themas „Konzentration" eine kleine Projektarbeit an, wenn die Klasse den Auftrag erhält, die Regelkarten selbst zu erstellen.

Abb. 38: Klassenregeln (KV 24)

Wurde das Thema Konzentration bereits ausführlicher behandelt, ist die Klasse bestimmt dazu in der Lage, die konzentrationsfördernden Regeln auch ganz selbstständig zu erarbeiten. Ein Arbeitsauftrag dazu findet sich in den Kopiervorlagen (vgl. KV 25). In einer Gruppenarbeit überlegen die Kinder zunächst, welche Regeln für ihre Konzentration wichtig sind. Zur Vertiefung können sich immer ein bis zwei Kinder darin versuchen, eine Regel pantomimisch darzustellen, welche die anderen Kinder erraten.

Hat man sich in einem nächsten Schritt innerhalb der Klasse auf einige wenige (!) Regeln geeinigt, haben die Schüler sicher bereits Ideen, wie diese als große Regelkarten fürs Klassenzimmer dargestellt werden können. Jede Gruppe erhält nun den Auftrag je eine Regelkarte zu erstellen. Werden diese am PC gestaltet und z. B. auch Fotos bearbeitet, lassen sich auch gleich Computerkenntnisse praktisch üben und so eine sinnvolle Medienkompetenz unterstützen (vgl. Kap. 7.7).

Beim Konzi-Rückblick, dem Selbstreflexionssystem für die ganze Klasse (vgl. Kap. 5.4.1), wird die Einhaltung der Klassenregeln von den Schülern selbst eingeschätzt.

Hat ein Schüler noch Schwierigkeiten bei der Einhaltung einer bestimmten Regel, bieten sich individuelle Tischziele an. So kann entweder eine Klassenregel in den Fokus gerückt werden, indem sie dem Schüler im kleinen Format in eine Ecke seines Tisches geklebt wird und so immer präsent ist. Oder es werden spezielle Regeln zur Unterstützung seiner Konzentration formuliert, wie z. B.: „Ich schaue nur auf meine Aufgabe."

5.3.2 Trinkstation

Für eine gute Konzentration ist ausreichend Flüssigkeit, am besten zimmerwarmes Leitungswasser, das vom Körper sofort aufgenommen werden kann, besonders wichtig. Im Idealfall sollten Kinder bis zum Mittag bereits 1 Liter Flüssigkeit zu sich nehmen. Nur über das Frühstück und die Brotzeit in der Pause lässt sich das kaum abdecken.

Abb. 39: Trinkstation

Im Klassenzimmer kann deshalb eine Trinkstation mit beschrifteten Gläsern und Leitungswasser eingerichtet werden, an der die Kinder zwischendurch immer wieder trinken können (vgl. Schubert 2014, 28). Somit entgeht man dem Problem, dass die Kinder entweder zu wenig trinken, selbst mitgebrachte Flaschen auf ihrem Arbeitstisch verschütten oder sie ungeeignete zuckerhaltige Getränke zu sich nehmen.

Die Trinkstation kann interessanter gestaltet werden, wenn immer wieder auch ungesüßte Tees angeboten werden. Vor allem in der kalten Jahreszeit freuen sich die Kinder über verschiedene Weihnachtstees, während im Sommer selbst gemachter Eistee besonders beliebt ist. Optisch ansprechend ist es, wenn in der Wasserkaraffe Orangen- oder Zitronenscheiben schwimmen.

Bestimmt freuen sich vor allem sehr aktive Kinder, wenn sie diesen Dienst übernehmen dürfen. Haben sie eine ansprechende Trinkstation hergerichtet, ist dies ein guter Anlass für positives Feedback, das unerlässlich für ein die Konzentration unterstützendes Selbstbild ist (vgl. Kap. 1.4).

5.3.3 Toilettenschild (KV 26)

In vielen Klassen ist es ein erheblicher Unruhefaktor, wenn ständig Kinder fragen, ob sie auf die Toilette dürfen. Manchmal wird dann der Toilettengang während des Unterrichts ganz untersagt. Allerdings ist es auch nicht konzentrationsfördernd, sich dieses Grundbedürfnis verkneifen zu müssen, gerade wenn man möchte, dass die Kinder ausreichend trinken. Hier hilft das Aufhängen eines Toilettenschildes (vgl. KV 26) in der Nähe der Tür. Geht ein Schüler auf die Toilette, dreht er das Schild auf die rote Seite. Das ist das Zeichen für die anderen Schüler, dass diese gerade belegt ist und sie warten müssen. Kommt das Kind zurück, dreht es das Schild wieder auf grün.

Abb. 40: Toilettenschild (KV 26)

5.3.4 Wutecke

Gerade nach der Pause kommt es vor, dass Schüler aufgebracht ins Klassenzimmer zurückkehren. Dann bietet es sich an, im Klassenzimmer eine „Wutecke" einzurichten, in der die Kinder sich abreagieren können.

Diese kann z.B. mit Knautschbällen ausgestattet werden, die in die Ecke gepfeffert werden dürfen. Auch ein stabiles Wutkissen, in das die Schüler hineinboxen dürfen, kann Abhilfe schaffen. Dann ist der Kopf wieder frei, um sich auf den Unterricht zu konzentrieren und zeitraubende Diskussionen, wer nun an was Schuld hat, werden überflüssig.

5.3.5 Ruhezone

Kann sich ein Kind gar nicht mehr konzentrieren, hilft eine kurze Auszeit in der Ruhezone. Hier bietet sich eine Art Höhle oder Zelt an, in der sich die Schüler für einige Minuten zurückziehen und zur Ruhe kommen können.

5.3.6 Kummerkasten

Um seelische Belastungen, sei es mit Mitschülern oder zu Hause, loswerden zu können, hilft ein Kummerkasten, z. B. in Form eines verschlossenen Schuhkartons mit einem Schlitz im Deckel. Oft schafft schon das Aufschreiben der Sorgen Erleichterung. Natürlich muss vorher genau vereinbart werden, ob die Zettel von der Lehrkraft gelesen werden sollen.

5.3.7 Sprechstunde der Lehrkraft

Wünscht sich ein Schüler eine Aussprache mit der Lehrkraft, um Sorgen persönlich besprechen zu können, kann er die Lehrersprechstunde in Anspruch nehmen. Vielleicht haben Sie als Lehrkraft die Möglichkeit, einmal wöchentlich in der Pause eine festgelegte Sprechstundenzeit in einem geschützten Rahmen anzubieten.

5.3.8 Streitschlichter

An vielen Grundschulen sind bereits Streitschlichter-Programme etabliert. Diese bieten eine gute Möglichkeit, Streit bereits in der Pause aufzuarbeiten. So sind Konflikte im Idealfall bis zum Unterrichtsbeginn wieder gelöst, sodass die Konzentration nicht durch emotionale Störfaktoren behindert wird.

Kurz & knapp:

- Ermitteln von äußeren und inneren Störfaktoren
- Erarbeitung von Lösungen:
  - Klassenregeln für ein konzentrationsförderndes Klima
  - Trinkstation für ausreichende Flüssigkeitszufuhr
  - Toilettenschild zur Strukturierung von Toilettengängen
  - Wutecke zum Abreagieren
  - Ruhezone zum Entspannen
  - Kummerkasten, um seelische Belastungen loszuwerden
  - Sprechstunde zur Aussprache mit der Lehrkraft
  - Streitschlichter zur Aufarbeitung von Konflikten

5.4 Konzentration durch Selbstreflexion

Konzentration ist eine bewusste Entscheidung (vgl. Kap. 1.1). Sie gelingt umso leichter, je besser die Schüler auf einer Metaebene über ihre eigene Konzentrationsfähigkeit reflektieren können. Im Folgenden werden zwei Reflexionssysteme beschrieben. Das erste ist für die ganze Klasse, das zweite individuell für jedes einzelne Kind.

5.4.1 Konzi-Rückblick: Selbstreflexion für die ganze Klasse (KV 27)

Die Abbildung 41 zeigt den Konzi-Rückblick als Reflexionssystem für die ganze Klasse. Immer wenn beim Tagesplan (vgl. Kap. 3.2.2) eine Karte umgedreht wird, wird gemeinsam überlegt, wie die Konzentration in dieser Unterrichtseinheit geklappt hat. Dazu braucht es festgelegte Kriterien. So kann die Reflexion z.B. anhand der Klassenregeln (vgl. Kap. 5.3.1) erfolgen. Werden die Regeln neu eingeführt, ist es sinnvoll, jede Woche nur eine Regel speziell in den Fokus zu rücken. Wichtig ist dabei, dass die Klasse die Einhaltung selbst reflektiert. So verinnerlichen die Kinder mit der Zeit, von welchen Faktoren die eigene Konzentration abhängig ist und lernen nebenbei auch noch das Argumentieren, denn schließlich geht es um etwas! Für die Konzentrationsleistung werden Konzi-Smileys vergeben. Für eine vereinbarte Anzahl an Konzis gibt es weniger Hausaufgaben, da an diesem Tag bzw. in dieser Woche ja bereits in der Schule konzentriert gearbeitet wurde. Oder die Lehrkraft liest als Belohnung aus einem spannenden Buch vor oder es ist noch Zeit für ein gemeinsames Spiel (vgl. Kap. 6.1), da das Arbeitspensum dank des konzentrierten Arbeitens bereits geschafft ist.

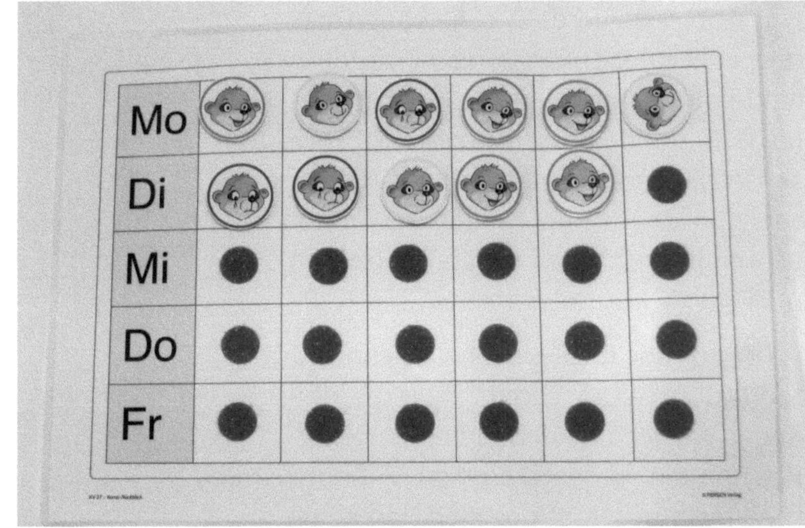

Abb. 41: Konzi-Rückblick

Abhängig von der emotionalen Entwicklung der Schüler muss die Belohnung täglich erfolgen oder sie können bereits einen Belohnungsaufschub bis zum Ende der Woche durchhalten. Auch die Abstände, in denen reflektiert wird, können variieren. So müssen zu Beginn vielleicht noch nach jeder Arbeitsphase Konzi-Smileys vergeben werden, später reichen Etappen bis zur Pause und bis zum Mittag.

5.4.2 Konzi-Kegel: Selbstreflexion für jeden Einzelnen (KV 28)

Mit dem Konzi-Kegel (vgl. KV 28) wird jedes Kind sein eigener Konzentrationsmanager. Es handelt sich um ein individuelles Selbstreflexionssystem, das vor allem während Arbeitsphasen zum Einsatz kommt. So bekommt jedes Kind selbst die Verantwortung, aber auch das nötige Rüstzeug für sein Konzentrationsmanagement.

Jedes Kind hat auf seinem Tisch einen Kegel, z.B. in Form eines kleinen Verkehrshütchens, stehen. Oben auf der Spitze steht „Ich konzentriere mich!“ (vgl. Abb. 42).

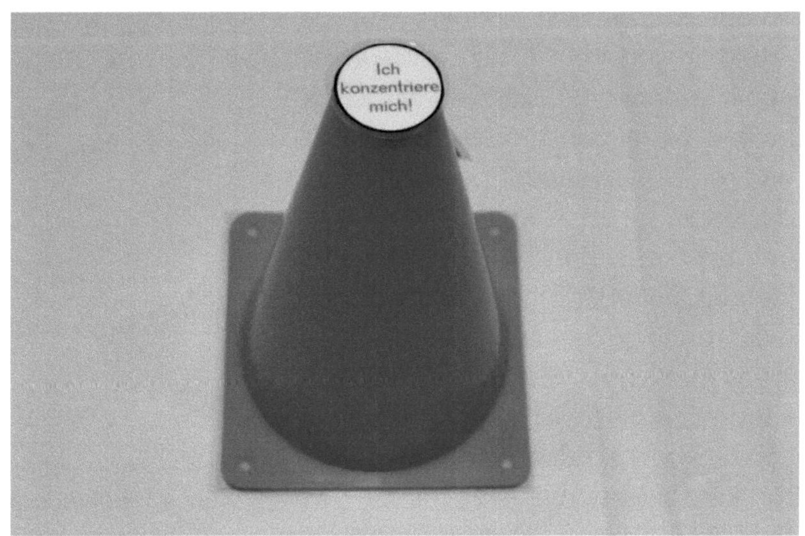

Abb. 42: Konzi-Kegel „Ich konzentriere mich!“

Merkt ein Kind, dass seine Konzentration nachlässt, dreht es den Kegel um (vgl. Abb. 43). Auf dem Kegelboden stehen individuelle Anregungen, die dem Kind helfen, sich wieder zu konzentrieren, z. B. Hände ausschütteln, Kopf kreisen lassen, an der Trinkstation ein Wasser trinken, einen gedachten oder echten Lärmschutzkopfhörer aufsetzen usw.

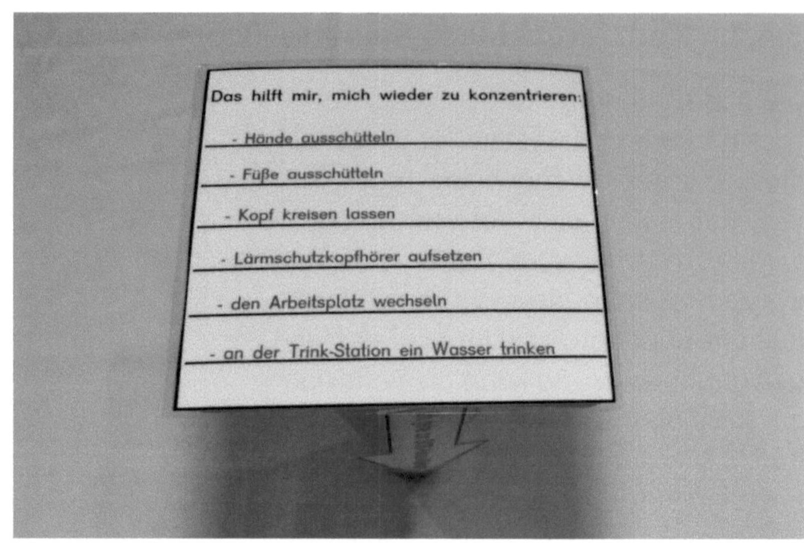

Abb. 43: Konzi-Kegel „Das hilft mir, mich wieder zu konzentrieren."

Fühlt sich das Kind wieder zum konzentrierten Arbeiten bereit, stellt es den Kegel wieder auf und arbeitet weiter. Reichen die vorgeschlagenen Maßnahmen nicht aus, legt das Kind den Kegel quer auf den Tisch und geht zur „SOS-Konzi-Station" (vgl. Abb. 44).

Abb. 44: Konzi-Kegel „Ich gehe zur SOS-Konzi-Station."

Dabei handelt es sich um drei Stationen zur Soforthilfe im Klassenzimmer und bei bewegungsintensiveren Stationen idealerweise auch auf dem Gang, damit die anderen Kinder nicht gestört werden. Bei diesen Stationen dürfen die Kinder kleine Übungen durchführen, die ihnen spielerisch helfen, ihre Konzentrationsfähigkeit zu reaktivieren.

Die Stationen sind mit SOS-Konzi-Karten (Beispielkarte vgl. Abb. 45) gekennzeichnet, die entweder an der Wand befestigt oder mithilfe einer Buchstütze aufgestellt werden können. Auf den Stationenkarten, die sich auch in den Kopiervorlagen befinden, ist die Aufgabe mit einfachen Worten beschrieben und mit Bildern veranschaulicht, sodass die Kinder sie ohne weitere Erklärungen der Lehrkraft selbstständig umsetzen können. Bedenkt man, dass die Schüler die Station ja genau dann besuchen, wenn sie sich nicht mehr konzentrieren können, ist diese Selbsterklärbarkeit besonders wichtig. Auf den Stationenkarten kennzeichnen entsprechende Symbole den Materialaufwand und ob die Übung der Entspannung oder der Aktivierung dient. Die Karten können übersichtlich in einem Karteikasten (vgl. Abb. 46) aufbewahrt werden, sodass sie für den Lehrer auch spontan einsatz- und griffbereit sind.

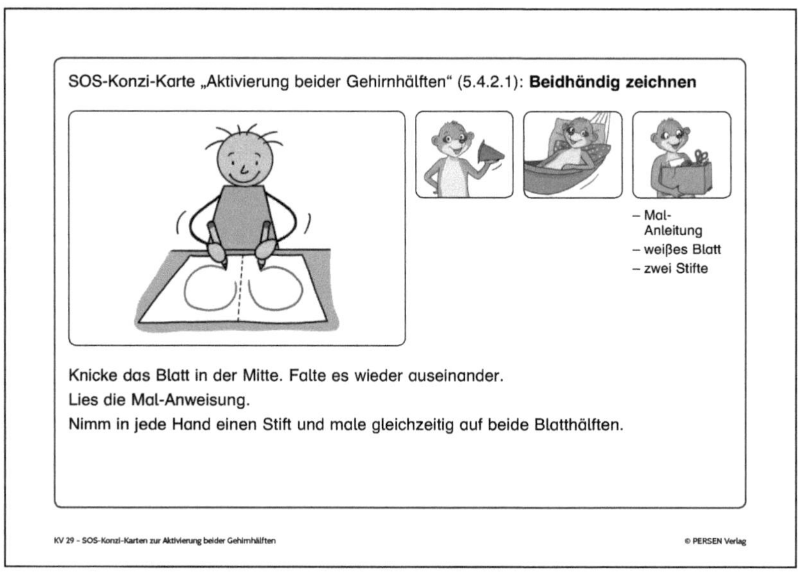
SOS-Konzi-Karte „Aktivierung beider Gehirnhälften" (5.4.2.1): **Beidhändig zeichnen**

- Mal-Anleitung
- weißes Blatt
- zwei Stifte

Knicke das Blatt in der Mitte. Falte es wieder auseinander.
Lies die Mal-Anweisung.
Nimm in jede Hand einen Stift und male gleichzeitig auf beide Blatthälften.

KV 29 - SOS-Konzi-Karten zur Aktivierung beider Gehirnhälften

© PERSEN Verlag

Abb. 45: Beidhändig zeichnen (KV 29)

Die Stationen sollten regelmäßig wechseln, wobei sich die Aufgaben mit der Zeit natürlich wiederholen dürfen. Im Folgenden sind einige Anregungen beschrieben.

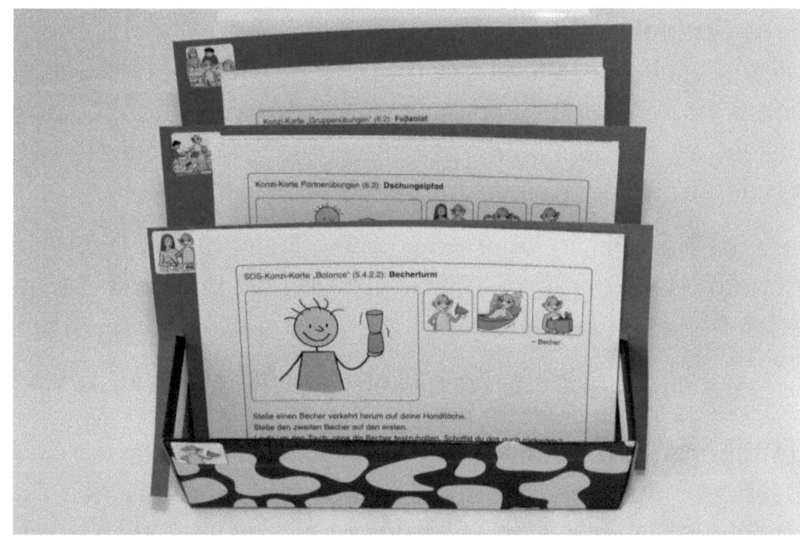

Abb. 46: Karteikasten

Hat das Kind die SOS-Konzi-Station erfolgreich absolviert, schleicht es zurück an seinen Platz, stellt den Kegel wieder auf und arbeitet konzentriert weiter. Die wenigen Minuten, die die SOS-Konzi-Station in Anspruch nimmt, sind für den Schüler gut investiert, da er sich nun mit neuem Konzentrationsschub ans Lernen machen kann, während er ohne die Sofortmaßnahme nicht seine volle Leistung abrufen konnte oder vielleicht sogar gar nichts mehr zustande gebracht hätte und ein Kreislauf aus Stören, Ermahnen und Misserfolg begonnen hätte.

5.4.2.1 SOS-Konzi-Stationen zur Aktivierung beider Gehirnhälften (KV 29)

Aufgaben, bei denen die Körpermitte gekreuzt wird oder die beide Körperhälften gleichzeitig beanspruchen, sprechen beide Gehirnhälften an. Dies aktiviert die *allgemeine Aufmerksamkeit* und schafft somit die Voraussetzung, dass konzentriertes Arbeiten wieder möglich ist (vgl. Kap. 1.3). Aufgaben dieser Art finden sich vor allem in der Kinesiologie, wie sie auch in Kapitel 6.1.2 beschrieben werden.

Liegende Acht (KV 29)

Ein Seil ist am Boden zu einer liegenden Acht ausgelegt. Das Kind balanciert barfuß darauf. In der zweiten Runde läuft es mit geschlossenen Augen, in der dritten Runde mit zwei Sandsäckchen auf den ausgestreckten Armen und in der vierten Runde auch noch mit einem Sandsäckchen auf dem Kopf.

Abb. 47: Liegende Acht

Schuhplatteln (KV 29)

Auch bei dieser Übung steht zunächst das Überkreuzen der Körpermittellinie im Fokus. Das Kind marschiert auf der Stelle. Dabei muss mit der Hand jeweils das gegenüberliegende Knie berührt werden. Die Augen suchen sich dabei einen Punkt auf dem Boden. Nach zehn Wiederholungen kommt der Ausgleich. Nun müssen gleichzeitig Arm und Bein einer Körperseite gehoben werden, also rechtes Bein und rechter Arm und dann linkes Bein und linker Arm. Der Blick ist dabei nach oben gerichtet. Auch diese Übung wird zehnmal wiederholt.

Arm-Kuddelmuddel (KV 29)

Dies ist eine Aufgabe aus dem Konzept Life Kinetik® (vgl. www.lifekinetik.de), das auf der Verbindung von Wahrnehmung, Bewegung und kognitiven Übungen basiert und vor allem im Profisportbereich sehr beliebt ist, um das volle mentale Potenzial ausschöpfen zu können. Die Übung eignet sich vor allem für den Gang oder einen Nebenraum.

Der Schüler hält in jeder Hand einen kleinen Ball. Die Bälle werden gleichzeitig in die Luft geworfen. Dann müssen die Arme überkreuzt und die Bälle mit der jeweils anderen Hand gefangen werden. Anschließend werden die Bälle wieder hochgeworfen, die Arme „entkreuzt" und die Bälle wieder gefangen.

Obwohl die Aufgabe einfach klingt, erfordert sie ein hohes Maß an Konzentration und Koordination.

Jonglieren mit Tüchern (KV 29)

Bei dieser Aufgabe dürfen die Kinder ihre akrobatischen Fähigkeiten beweisen und zunächst mit zwei dann evtl. sogar mit drei Tüchern jonglieren. Natürlich kann mit jedem beliebigen Gegenstand jongliert werden. Tücher haben allerdings den Vorteil, dass sie relativ lange in der Luft sind, beim Herunterfallen keinen Lärm verursachen und nicht wegrollen.

Beidhändig zeichnen (KV 29 + KV 30)

Aus einer Box zieht sich das Kind bei dieser Aufgabe eine Karte, auf der z. B. steht: „Male mit beiden Händen je eine Rakete." (vgl. KV 30). Das Kind nimmt sich von einem Stapel ein großes Blatt, knickt es in der Mitte, klappt das Blatt wieder auf und malt mit beiden Händen gleichzeitig je eine Rakete auf die beiden Blatthälften.

Neben der Aktivierung der allgemeinen Aufmerksamkeit verbessert diese Übung auch die Auge-Hand-Koordination und die Schreibfertigkeit (vgl. Schubert 2014, 46).

Beidhändig stapeln (KV 29 + KV 31)

Eine Variante des beidhändigen Zeichnens ist das beidhändige Stapeln von Bauklötzen. Entweder können mit beiden Händen gleichzeitig zwei gleiche Türme gebaut werden oder man verwendet eine Aufgabenkarte (vgl. KV 31), auf der ein Turm vorgegeben ist, der mit der rechten und der linken Hand parallel nachgebaut werden muss.

Stellt man flache Schachteln bereit, die mit Moosgummi ausgelegt sind, kann diese Übung auch gut im Klassenzimmer durchgeführt werden, ohne dass einstürzende Bauwerke die Konzentration der anderen Kinder stören.

Abb. 48: Beidhändig Stapeln

Knotenkunde (KV 29 + KV 32)
Diese SOS-Konzi-Station kann motivierend als Piraten- oder Dschungelforscher-Station eingeführt werden, da hier die verschiedensten Knoten angefertigt werden müssen, wie das auch echte Abenteurer auf hoher See oder in der Wildnis anwenden.

Das Knoten fördert neben der Aktivierung beider Gehirnhälften besonders auch die Grafomotorik.

In den Kopiervorlagen (vgl. KV 32) finden Sie verschiedene Knotenanleitungen mit kurzen Rahmengeschichten. Die Kinder haben die Aufgabe, dem Protagonisten zu helfen, indem sie die Knoten richtig ausführen.

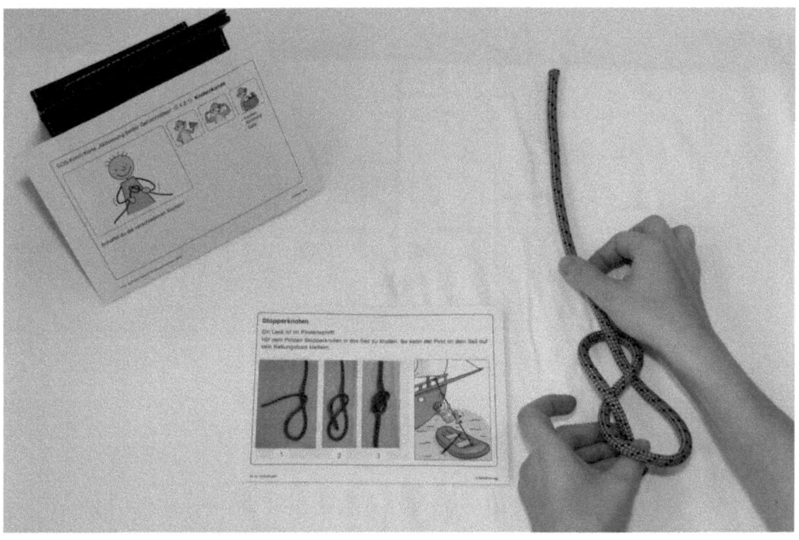

Abb. 49: Knotenkunde

5.4.2.2 SOS-Konzi-Stationen zur Balance (KV 33)

Bei den folgenden Übungen ist ein guter Gleichgewichtssinn gefragt. Möchte man nicht umfallen, muss die ganze *selektive Aufmerksamkeit* darauf ausgerichtet werden, die Balance zu halten. Dafür ist je nach Schwierigkeitsgrad die ganze Kapazität des Arbeitsgedächtnisses gefordert. Bildlich kann man sich das wie ein Reset des Arbeitsspeichers vorstellen, der danach wieder Platz hat, um sich auf das Lernen zu konzentrieren.

Balancier-Parcours (KV 33)
Aus unterschiedlich hohen Balanciersteinen wird ein kleiner Parcours aufgebaut. Dafür können eigens dafür gekaufte Hindernisse oder Alltagsmaterialien wie Kisten, kleine Holzbalken, festere Polster oder auch Stühle verwendet werden.

Bewegungsstraße (KV 33)
Diese SOS-Konzi-Station bietet sich als längerfristige Station auf dem Gang an, an der sicher auch Nachbarklassen ihre Freude haben werden. Vielleicht ergibt sich ja eine Kooperation in Form eines gemeinsamen Konzentrations-Projekts.

Mit Klebeband (Kreppband lässt sich wieder gut ablösen und ist in verschiedenen Farben erhältlich) werden Markierungen auf dem Boden aufgeklebt, die die Positionen für die Hände und Füße vorgeben. Rote Klebestreifen stehen dabei für den rechten Fuß, rote Klebepunkte für die rechte Hand. Für die linke Körperseite kann entsprechend ein lilafarbenes Klebeband verwendet werden. Die Skizze in Abbildung 50 gibt Gestaltungsanregungen. Natürlich sind der Fantasie keine Grenzen gesetzt. Besonders wirkungsvoll für die Wiederherstellung der Konzentration wird die Bewegungsstraße, wenn auch Übungen zur Kreuzung der Körpermitte und zur liegenden Acht mit eingebaut werden.

Haben manche Kinder noch Schwierigkeiten mit der Unterscheidung von links und rechts, hilft das Überziehen eines roten Handschuhs an der rechten Hand und eines lilafarbenen an der linken Hand. Auch entsprechende Socken (mit Anti-Rutsch-Sohle) können angeboten werden. So kann das Kind mit einem Blick überprüfen, ob sich Hände und Füße auf der richtigen Markierung befinden.

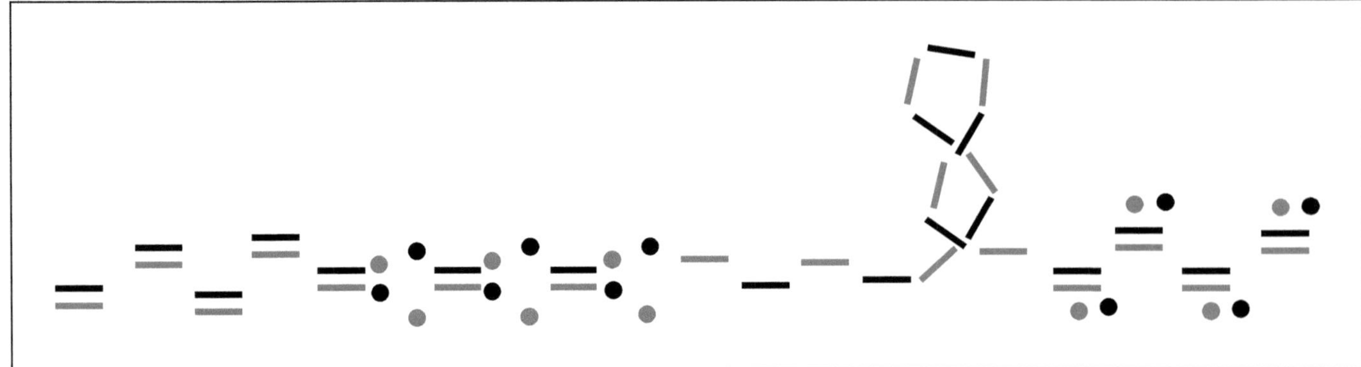

Abb. 50: Skizze für Bewegungsstraße

Becherturm (KV 33)
Bei dieser Übung stellt das Kind einen Becher verkehrt herum auf die ausgestreckte Handfläche. Ein weiterer Becher wird auf den ersten gestellt. Nun gilt es, den Arm ruhig zu halten. Schafft das Kind damit sogar eine Runde um den Tisch? Vielleicht sogar rückwärts? Und lassen sich noch weitere Becher auf den Turm stapeln?

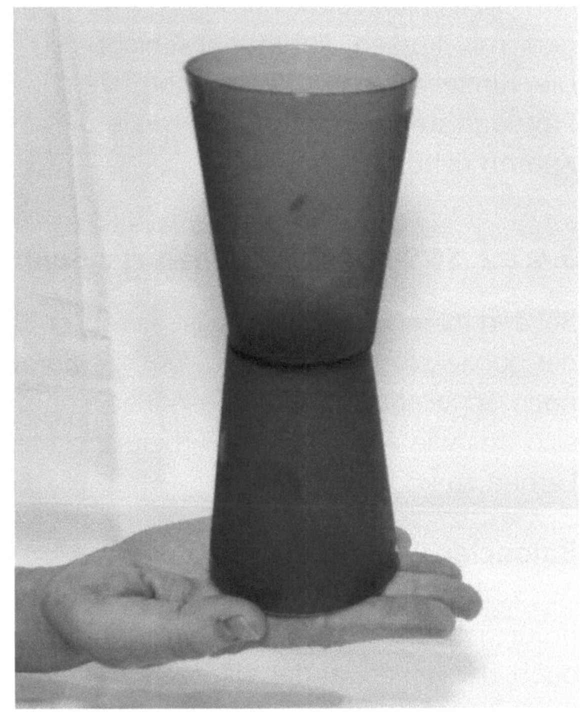

Abb. 51: Becherturm

5.4.2.3 SOS-Konzi-Stationen zur Entspannung (KV 34)

Keine Konzentration ohne Pausen: Fallen für eine gewisse Zeitspanne alle Anforderungen weg, fällt auch die Anspannung vom Kind. Das Gehirn kann sich entspannen und hat danach wieder Kapazität frei für konzentriertes Arbeiten.

Tiere beobachten (KV 34)
Gibt es in der Schule die Möglichkeit, Fische in einem Aquarium zu beobachten, ist dies eine tolle Entspannungsübung. Vielleicht kann ein Aquarium in der Aula aufgestellt und von wechselnden Klassen betreut werden. In manchen Schulen gibt es auch Schülerfirmen, die Aquarien an Klassen vermieten und sich um den Unterhalt kümmern.

Passend zum Sachunterrichtsthema sind zeitweise vielleicht auch andere Tiere zu Gast in der Klasse, z. B. Ameisen in einer Ameisenfarm oder Schnecken in einem Terrarium.

Steht ein Baum vor dem Klassenzimmer, kann die Aufgabe darin bestehen, die Vögel in diesem Baum zu beobachten.

Entspannen zur Musik (KV 34)
Bei dieser Station darf sich das Kind, mit einem Kopfhörer ausgestattet, in die Ruhezone zurückziehen. Auf einem MP3-Player oder einer CD stehen drei Lieder zur Auswahl, z. B. Meditationsmusik oder klassische Musik für Kinder. Vielleicht lässt sich die Auswahl der Komponisten sogar mit dem aktuellen Thema des Musikunterrichts verbinden.

Musik trägt in besonderem Maße zur Wiederherstellung der Konzentrationsfähigkeit bei (vgl. Spitzer 2007, 189). Um das Kind darin zu unterstützen, zu sich zu finden, kann es sich ein mit Leinsamen und Lavendel gefülltes Augensäckchen auf die Augen legen. Augensäckchen sind z.B. als Yoga-Zubehör erhältlich, lassen sich aber auch sehr leicht selbst anfertigen. Eine bebilderte Schritt-für-Schritt-Anleitung dazu findet sich in den Kopiervorlagen (vgl. KV 51).

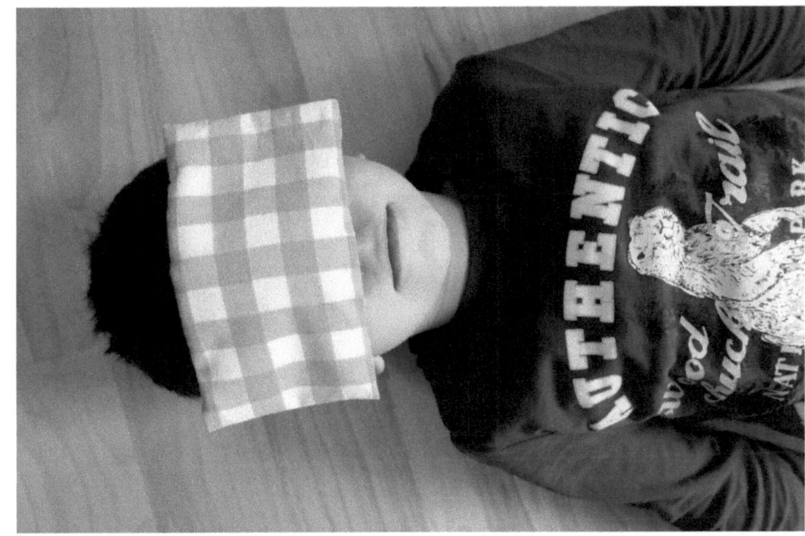

Abb. 52: Augensäckchen

Igelball-Tanz (KV 34)

Diese Übung wird strumpfsockig im Stehen durchgeführt. Unter einen Fuß legt sich das Kind einen Igelball und rollt diesen in kleinen Kreisen über den Boden. Dabei werden die Fußreflexzonen massiert, die reflektorisch auf den ganzen Körper wirken. So werden dadurch z.B. nicht nur Verspannungen durch langes Sitzen gemildert, sondern auch Stress abgebaut und Entspannung gefördert.

Kurz & knapp:

- Konzi-Rückblick als Reflexions- und Belohnungssystem für die ganze Klasse
- Konzi-Kegel als Selbstreflexionssystem und zur Wiederherstellung der Konzentration für jeden Einzelnen (Sei dein eigener Konzentrationsmanager!):
  1. Stufe: Ich konzentriere mich!
  2. Stufe: Tipps zur schnellen Wiederherstellung der Konzentration
  3. Stufe: Absolvieren einer SOS-Konzi-Station

6 Sofortmaßnahmen für die ganze Klasse

Wurden bisher vor allem individuelle Maßnahmen zur Konzentrationsförderung bei einzelnen Kindern beschrieben, geht es in diesem Kapitel um Maßnahmen für die ganze Klasse, wenn die allgemeine Konzentration nachlässt. Die beschriebenen Übungen dienen der Rhythmisierung und eignen sich besonders gut für das Konzentrations-Akku-Auflade-Ritual. Sie sind danach eingeteilt, ob sie mit der ganzen Klasse, in Gruppen oder in Partnerarbeit durchgeführt werden können. Dies ist durch entsprechende Symbole auf den Konzi-Karten in den Kopiervorlagen gekennzeichnet. Ebenso sind der Materialaufwand und ob die Übung der Entspannung oder der Aktivierung dient, auf einen Blick ersichtlich. Die Karten können gemeinsam mit den Karten für die SOS-Stationen übersichtlich in einem Karteikasten (vgl. Abb. 46) aufbewahrt werden. Somit hat die Lehrkraft ein Ideenrepertoire zur Verfügung, um blitzschnell auf die aktuelle Situation reagieren zu können.

6.1 Klassenübungen zur Wiederherstellung der Konzentration

6.1.1 Konzentrationsförderung mit Yoga-Übungen

„Beim Yoga beeinflussen wir über den Körper den Geist." Dieses Zitat von Simone Schatz, Yoga-Lehrerin mit viel Erfahrung im Kinderyoga, von der auch die zwei folgenden Yoga-Sequenzen stammen, bringt den Nutzen von Yoga für die Konzentrationsförderung auf den Punkt. Bewusste Körperhaltungen (Asanas), verbunden mit langsamen Bewegungen und einer tiefen Atmung, wirken auf das Gehirn gezielt anregend oder entspannend.

Werden die Yoga-Übungen kindgerecht umgesetzt, lernen die Schüler nebenbei auch die Freude an Bewegung kennen, wovon sie ihr Leben lang profitieren können. Simone Schatz hat die Erfahrung gemacht, dass Kinder Yoga-Übungen mit Bildern und Geräuschen lieben. Besonders dafür geeignet sind Tierhaltungen (z. B. Katze – Kuh, vgl. Kap. 6.1.1.1), die mit den entsprechenden Tierlauten begleitet werden. Alle aufrechten Haltungen können mit dem Bild einer Pflanze verbunden werden, die nach oben wächst. Hier darf man kreativ sein, schließlich soll Yoga auch Spaß machen, da der konzentrationsfördernde Effekt am größten ist, wenn die Sequenzen regelmäßig praktiziert werden.

Für eine zeitsparende Durchführung in der Klasse ist es sinnvoll, wenn im Idealfall Isomatten, möglich sind aber auch Handtücher, schnell griffbereit sind. Eine Yoga-Sequenz ist immer gleich aufgebaut. Zunächst gilt es während der Einstimmung, den Blick auf sich selbst zu richten. Um ganz bei sich anzukommen, hilft es, die Konzentration auf die eigene Atmung zu fokussieren. Daran schließen sich verschiedene Haltungen an, die je nach der zur Verfügung stehenden Zeit variiert werden können. Den Abschluss bildet eine Entspannung in Savasana, der Rückenlage. Diese Schlussentspannung kann unterschiedlich gestaltet werden. Möglich ist z. B. eine Fantasiereise, progressive Muskelentspannung, eine angeleitete Partnermassage oder auch das Vorlesen einer Geschichte. Dies ist auch eine gute Möglichkeit, um Konzentrationsförderung mit Unterrichtsinhalten zu verbinden. Werden im Deutschunterricht z. B. gerade Märchen, Fabeln oder Gedichte behandelt, ist die Schlussentspannung eine gute Möglichkeit, einen entsprechenden Text vorzulesen. Hoch konzentrierte Zuhörer sind einem jetzt sicher! Mit etwas Fantasie kann sogar die ganze Yoga-Sequenz in eine passende Geschichte verpackt werden.

Simone Schatz hat speziell für dieses Buch zwei Yoga-Sequenzen zur Konzentrationsförderung entwickelt, eine anregende und eine entspannende, die im Folgenden beschrieben werden. Die einzelnen Haltungen wurden von Frau Schatz mit einer Fantasiereise verbunden. Die Beschreibung der Reise dient gleichzeitig als ausführliche Anleitung, wie sich die Kinder jeweils bewegen sollen, sodass zusammen mit den Yoga-Karten (vgl. KV 35 + KV 36), auf denen die einzelnen Asanas dargestellt ist, auch Yoga-Neulinge die Übungen ganz einfach anleiten können.

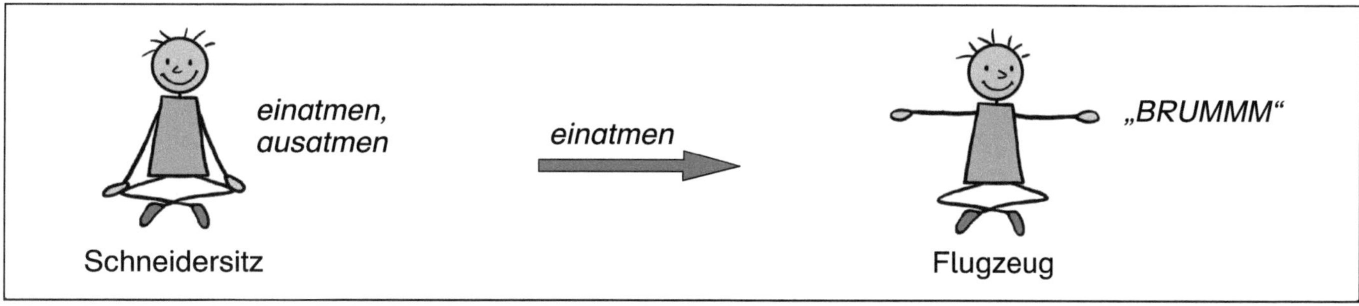

Abb. 53: Beispiel Asana

Da jede Yoga-Position auf einer eigenen Karte dargestellt ist, können im Unterricht auch einzelne Positionen als kurze Entspannungs- oder Aktivierungsübung eingebaut werden, wenn für eine ausführliche Konzentrationseinheit keine Zeit ist. Dann müssen nur die Sätze vorgelesen werden, die in der Kopiervorlage fett gedruckt sind.

6.1.1.1 Yoga-Sequenz zur Aktivierung (KV 35)

Dieser Ablauf dient der Anregung der Konzentration. Ist die Klasse nach einer Arbeitsphase müde und erschöpft, können die Kinder jetzt neue Energie tanken, um danach wieder konzentriert arbeiten zu können. Neurologisch gesehen führt die Sequenz zu einer Steigerung der allgemeinen Aufmerksamkeit, also zu einer Aktivierung des Gehirns und damit zu einer gesteigerten Leistungsfähigkeit der Wahrnehmung und des Lernvermögens (vgl. Kap. 1.3).

Es handelt sich um einen Ablauf mit vielen Rückbeugen: Die Brustwirbelsäule wird nach hinten gestreckt, der Brustkorb geweitet, der Lungen- und Herzbereich gedehnt. Dabei wird die Rückenmuskulatur gestärkt. Gerade wenn die Kinder lange sitzen mussten, sind Rückbeugen eine gute Möglichkeit, um den Körper wiederaufzurichten. Der Atem wird vertieft, der Organismus angeregt, die Sauerstoffversorgung wird besser, Konzentration wird wieder möglich.

Wie in der ausführlichen Beschreibung in den Kopiervorlagen zu sehen ist, fängt die Sequenz zur Aktivierung mit der Übung *Flugzeug* an, bei der die Kinder auf die Fantasiereise eingestimmt werden. Danach erfolgt eine Übung zum Strecken. Dann begegnen die Kinder einem *Tiger*, gefolgt von *Katze, Kuh* und dem herabschauenden *Hund*. Weiter geht es in den *Dschungel*. Dort stehen die Kinder aufrecht wie ein *Baum*. Der nun auftauchende *Dschungelheld* kann bei Zeitmangel auch übersprungen werden. Dann hat gleich das *Kamel* seinen Auftritt. Die kleine *Schildkröte* führt die Schüler Richtung Entspannung, bevor sie mit dem *Flugzeug* wieder im Klassenzimmer landen. Hier kann die Sequenz schon enden. Wenn noch Zeit ist kann eine abschließende *Entspannung* mit Body-Scan durchgeführt werden.

6.1.1.2 Yoga-Sequenz zur Entspannung/Fokussierung (KV 36)

Die zweite, von Simone Schatz entwickelte Yoga-Sequenz, unterstützt die Kinder bei der Konzentration auf sich selbst. Sie kann vor allem dann zum Einsatz kommen, wenn die Klasse gerade sehr unruhig ist, sei es, dass viele Testsituationen anstehen, es Streit um das Fußballspiel im Sportunterricht gab, die lang ersehnten Ferien vor der Türe stehen oder einfach schon seit Tagen das Wetter schlecht ist.

Die Yoga-Sequenz, die in eine Fantasiereise ans Meer eingebettet ist, ist ein Ablauf mit vielen Vorbeugen, beinhaltet also Körperhaltungen, bei denen der Rumpf nach vorne gebeugt wird. Körperlich wirken diese Asanas dehnend auf die Wirbelsäule und die Muskulatur von Rücken, Beinrückseiten, Gesäß, Schultern und Nacken. Auf mentaler Ebene haben Vorbeugen eine zentrierende Wirkung. Die Haltungen sind nach innen gerichtet, es geht darum, sich zusammenzuziehen, weg vom Außen ins Innen. Das hilft, den zerstreuten Geist zu fokussieren und wieder bei sich selbst anzukommen.

Auch diese Sequenz ist wieder ausführlich in den Kopiervorlagen beschrieben. Sie beginnt mit einer Einstimmung im *Schneidersitz*, bei der die Kinder an den *Strand* gespült werden. Gleich nehmen sie die Position einer *Palme* ein. Die jetzt auftauchende *Katze* kann bei Zeitmangel auch übersprungen werden. Dann begegnen die Kinder gleich dem *Schmetterling.* Auch der folgende *Drehsitz* kann bei Zeitmangel ebenfalls ausgelassen werden. Anschließend schlüpfen die Schüler in die Rolle der *Schildkröte.* Wenn genug Zeit ist, können die Kinder sich in der *Bootposition* auf den Wellen hin- und herschaukeln lassen. Ansonsten können sie gleich die Position eines *Fischs* einnehmen. Als Letztes begegnet den Kindern ein *Krokodil*, bevor sie bei der abschließenden *Entspannung* mit Body-Scan wieder zurück ins Klassenzimmer geführt werden.

6.1.2 Konzentrationsförderung mit Übungen aus der Kinesiologie

In der Kinesiologie wird die Zusammenarbeit der verschiedenen Gehirnareale angestrebt. Ziel der Übungen ist vor allem die Verknüpfung der beiden Gehirnhälften über den Corpus Callosum, den Balken. Dieser ist ein dickes Bündel aus Nervenfasern in der Gehirnmitte, über den die beiden Gehirnhälften miteinander kommunizieren. Erreicht wird die Verknüpfung der beiden Gehirnhälften über die Kreuzung der Körpermitte, wie dies z. B. bei Übungen zur liegenden Acht der Fall ist (vgl. auch Kap. 5.4.2.1). Dadurch verbessert sich die Koordination des gesamten Körpers und das Verarbeiten von Sinneseindrücken von beiden Augen und beiden Ohren. Auch die Hand-Auge-Koordination wird unterstützt. All dies sind Voraussetzungen für stressfreies, konzentriertes Lernen (vgl. Schubert 2014, 18).

6.1.2.1 Konzentrationsübungen zur Aktivierung bestimmter Akupressur-Punkte (KV 37)

Bei der Akupressur werden durch den Druck an bestimmten Stellen körpereigene Energien beeinflusst und reflektorisch bestimmte Organe angesprochen (vgl. Wagner, 2017, 18, 27).

Heiße Ohren (KV 37)
An den Ohren befinden sich über 400 Akupressur-Punkte, die unter anderem die Denkfähigkeit und das Gedächtnis, vor allem das Arbeitsgedächtnis und somit auch die Konzentrationsfähigkeit aktivieren. Dabei werden die Ohren massiert und zwar so, dass sich die Daumen hinter der Ohrmuschel und die Zeigefinger an der Ohrmuschel befinden. Massiert wird von oben nach unten und von innen nach außen. Fünf bis zehn Wiederholungen sollten es sein, bis alle „heiße Ohren“ bekommen (vgl. Schubert 2011, 29).

Meine Mitte aufwecken (KV 37)
Bei dieser Übung wird über die entsprechenden Akupressur-Punkte die Halsschlagader stimuliert, was zu einer verstärkten Blutzufuhr zum Gehirn führt. Eine bessere Durchblutung führt automatisch zu einer Steigerung der *allgemeinen Aufmerksamkeit*, das Signal „Hallo wach!“ an das Gehirn (vgl. Kap. 1.3).

Alle Schüler stehen locker und entspannt, wobei die Beine hüftbreit auseinanderstehen. Daumen und Zeigefinger der linken Hand werden oberhalb des rechten Schlüsselbeinknochens gelegt. Dieser Bereich wird durch leichtes, kreisförmiges Massieren stimuliert. Die andere Hand wird auf dem Bauchnabel abgelegt. Nach ca. 30 Sekunden erfolgt ein Wechsel der Hände. Hilfreich ist hier eine Sand- oder Stoppuhr (vgl. Schubert 2014, 30).

Meinen Kopf entspannen (KV 37)

Im Gegensatz zur oberen Übung, bei der die Schüler aktiviert werden, dient diese Haltung der Entspannung, wenn die Klasse sehr überdreht scheint. Dazu werden die Akupressur-Punkte auf der Stirn massiert. Dies führt zu einer besseren Durchblutung der Stirnlappen im präfrontalen Kortex. Mit geradem Rücken und geschlossenen Augen sitzen die Kinder auf der Stuhlkante. Die Fingerspitzen massieren kreisförmig mit sanftem Druck den Bereich zwischen den Augenbrauen und dem Haaransatz.

Gleichzeitig zu der Massage können sich die Schüler gedanklich eine Situation vorstellen. Die Lehrkraft kann Fragen stellen, wie z. B.: „Was hat dich heute bei der Konzentration gestört?“, „Was hat dich geärgert?“, „Was macht dich traurig?“, „Über was musst du immer wieder nachdenken?“ Dazu kann die Lehrkraft folgende Visualisierung anleiten: „Stell dir vor, deine Finger sind ein Radiergummi. Wenn du deine Stirn massierst, radieren deine Finger alles Störende, allen Ärger, alles Traurige, alles Belastende weg. Sie radieren alles weg, was ständig in deinen Gedanken herumschwirrt.“ Durch die gedankliche Auseinandersetzung sollen die Schüler lernen, die vorgestellte Situation positiv zu bewältigen (vgl. Schubert 2014, 31).

Wecke den Löwen in dir (KV 37)

Gähnen versorgt das Gehirn mit Sauerstoff und es ist danach wieder leistungsfähiger. Die Übung kann von der Lehrkraft in folgende Geschichte verpackt werden: „Stell dir vor, du bist ein Löwe in der Savanne und schläfst gerade gemütlich unter einem Baum. Langsam wirst du von den ersten Sonnenstrahlen geweckt. Du blinzelst und öffnest schließlich die Augen. Dann streckst du dich und machst dich ganz groß. Mit den Fingern kraulst du deine Mähne (Massieren der Kiefergelenkmuskulatur). Dabei gähnst du ein lautes Löwengähnen.“ Das Gähnen kann drei- bis viermal wiederholt werden.

6.1.2.2 Konzentrationsübungen zur Kreuzung der Körpermitte (KV 38)

Die Glocke (KV 38)

Da die Kinder während des Schulvormittags sehr lange sitzen müssen, ist die Entspannung von Hals, Nacken und Schultern besonders wichtig. Außerdem werden durch die Überkreuzung der Mittellinie beide Gehirnhälften aktiviert.

Die Schüler stehen aufrecht und locker. „Stell dir deinen Kopf als Glocke vor. Diese hängt zunächst locker über der Brust mit Blick auf den Boden. Nun fängt die Glocke langsam an zu schwingen. Der Kopf bewegt sich dabei von einer Schulter zur anderen hin und her. Schließe jetzt die Augen. Jedes Mal, wenn der Kopf an der Schulter angekommen ist, lasse ein leises Ding oder Dong ertönen.“

Jeder Schüler wiederholt die Übung drei- bis viermal in seinem eigenen Tempo.

Der neugierige Konzi (KV 38)

Durch diese Übung werden ebenfalls Spannungen im Nacken und in den Schultern gelöst sowie die Körpermitte gekreuzt.

Konzi ist neugierig, was hinter ihm passiert. Er legt die rechte Hand auf die linke Schulter und schaut über die linke Schulter nach hinten. Dabei sagt Konzi: „Aha!“ Nun möchte Konzi wissen, was vor ihm am Boden ist. Er dreht er den Kopf langsam wieder in die Mitte, nimmt den Arm an die Seite und schaut nach unten.

Auch die andere Seite interessiert Konzi. Dazu legt er die linke Hand auf die rechte Schulter und schaut über die rechte Schulter nach hinten. Auch hier ertönt ein „Aha!“. Jetzt ist Konzi rundum informiert, dreht den Kopf wieder in die Mitte und nimmt den Arm zur Seite. Diese Übung wird dreimal wiederholt.

Die Lehrkraft sollte die Schüler zu einer Ausführung in ruhigem Tempo anleiten, da ruckartige Bewegungen gerade für die empfindliche Nackenmuskulatur ungünstig sind.

Rechts-zwo-drei-vier (KV 38)
Bei dieser Übung ist Rechts-links-Kenntnis gefragt. Die ganze Klasse steht auf einer Seite des Klassenzimmers. Nun marschieren alle los auf die gegenüberliegende Raumseite. Dabei berührt die rechte Hand die linke Schulter, der rechte Fuß macht einen Schritt nach vorne und das Kind sagt „rechts“. Dann erfolgt ein Wechsel mit der linken Hand. Der Blick folgt immer der Handbewegung.

Ziel ist es nicht, als Erster die andere Raumseite zu erreichen, sondern die Übung ruhig und konzentriert auszuführen.

6.1.2.3 Konzentrationsübungen zur liegenden Acht (KV 39)

Eine klassische Übung in der Kinesiologie ist die „liegende Acht“ (vgl. Schubert 2014, 76). Diese Übung zur Konzentrationsförderung kann ohne großen Materialaufwand flexibel eingesetzt werden. Einige Beispiele sind im Folgenden beschrieben.

Die Acht mal acht (KV 39 + KV 40)
Für diese Übung legt man mit einem langen Seil eine große liegende Acht auf den Boden. Wenn man diese an einigen Stellen mit Krepp-Klebestreifen fixiert, wird ein Verrutschen verhindert.

Alle Kinder stellen sich ohne Schuhe auf der liegenden Acht auf und gehen auf Kommando los. Wie die Kinder gehen sollen, gibt ein Schild aus den Kommandokarten vor (vgl. KV 40), das die Lehrkraft nach oben hält. Dabei gibt es acht Varianten:

1. Die liegende Acht seitwärtslaufen und dabei die Beine überkreuzen.
2. Die liegende Acht ablaufen und dabei den rechten Arm, den linken Arm und dann beide Arme kreisen.
3. Die liegende Acht mit geschlossenen Augen laufen.
4. Die liegende Acht ablaufen und dabei einen Bierdeckel auf dem rechten, dem linken und dann auf beiden Handrücken balancieren. Als Profiübung können auf dem Bierdeckel auch noch Topfreiniger-Schwämme oder andere Alltagsgegenstände gestapelt werden.
5. Die liegende Acht ablaufen und dabei einen Bierdeckel auf dem Kopf balancieren.
6. Die liegende Acht ablaufen und dabei einen Teller mit Murmeln an seinen Vordermann weitergeben (je nach Klassengröße können natürlich mehrere Teller ins Spiel kommen).
7. Die liegende Acht ablaufen und dabei einen Löffel mit einem Tennisball darauf an seinen Hintermann weitergeben (diese Variante lässt sich auch gut mit 6. kombinieren).
8. Die liegende Acht ablaufen und dabei erst mit rechts und dann mit links einen Jonglierball hochwerfen und wieder fangen. Wer schafft es auch mit zwei Bällen gleichzeitig?

Der Fantasie der Kinder sind bei dieser Übung natürlich keine Grenzen gesetzt. Bestimmt kommen sie noch auf weitere Varianten, die dann von den jeweiligen Kindern angeführt werden dürfen.

Karawane (KV 39)
Bei dieser Übung wird die liegende Acht mit Musik kombiniert. Je nach Wahl des Musikstücks kann die Aufgabe zur Entspannung oder zur Aktivierung der Klasse eingesetzt werden. Zunächst stellt sich die ganze Klasse als Karawane auf der liegenden Acht auf. Dazu hat jedes Kind ein Stück Seil oder ein Tuch am Rücken im Hosenbund stecken und greift den „Kamelschwanz" des Vordermanns, ohne dass dieser herausrutschen darf.

Nun startet die Musik und die Karawane setzt sich im Rhythmus des Liedes in Bewegung. Wichtig ist, dass die ganze Klasse sich an das Musiktempo anpasst, sodass die Karawane nicht unterbrochen wird.

Vor allem bei Musik mit schnellerem Rhythmus wird es eine Herausforderung, wenn Hindernisse, z. B. in Form von Kissen, auf dem Weg der Karawane auftauchen. Bei langsamerem Tempo können sich die Kamele ihren Weg über die liegende Acht auch mal mit geschlossenen Augen ertasten. Jetzt ist es gar nicht so einfach, den Kamelschwanz des Vordermanns weder zu verlieren noch herauszuziehen.

Die Bierdeckel-Acht (KV 39)
Bei dieser Übung stehen die Kinder hinter ihrem Stuhl. Auf dem Fußrücken des rechten Fußes, der einige Zentimeter über dem Boden gehalten wird, balancieren sie einen Bierdeckel. Nun muss mit dem Fuß eine liegende Acht knapp über dem Boden in die Luft gemalt werden. Dabei wird bei dem gedachten X in der Mitte der Acht und somit auch in der Mitte des Körpers begonnen und die Bewegung nach links oben ausgeführt. Das Gleiche wird mit dem linken Fuß wiederholt. Echte Profis können zusätzlich einen Spitzer oder einen Stift auf dem Bierdeckel balancieren. Auch hier werden die Kinder sicher kreativ, was sie noch alles auf ihrem Bierdeckel stapeln können.

Fußkünstler (KV 39)
Für diese Übung müssen die Kinder barfuß sein und ihren Malblock auf dem Boden bereitlegen. Dann klemmen sie einen Holzstift zwischen die Zehen und malen damit eine liegende Acht auf ihr Blatt. Auch hier ist der Startpunkt das X in der Mitte der Acht und die Bewegung erfolgt nach links oben. Gelingt dies mit beiden Füßen gleich gut?

6.1.3 Konzentrationsförderung durch Balance (KV 41)

Aufgaben, die Gleichgewicht erfordern, helfen dem Gehirn dabei, sich zu fokussieren und die Konzentration ganz auf die aktuelle Herausforderung zu richten. Bei allen Balanceübungen hilft es den Kindern häufig, einen Punkt im Raum mit den Augen zu fixieren. Natürlich dürfen sie sich bei Bedarf auch an ihrem Stuhl festhalten.

Schwing das Bein (KV 41)
Die Kinder stehen auf einem Bein, gehen leicht in die Knie und fangen langsam an, ihr anderes Bein nach vorne und hinten zu schwingen. Das Gleiche wiederholen sie mit dem anderen Bein. Schwieriger wird das Ganze mit geschlossenen Augen.

Der tanzende Storch (KV 41)
Bei dieser Übung stehen die Schüler wieder auf einem Bein und klatschen wie ein klappernder Storch die Hände über dem Kopf zusammen. Ohne das Bein abzusetzen, klatschen sie links vom Körper, rechts vom Körper und unten auf Kniehöhe.

Im zweiten Durchgang klappern die Störche je zweimal. Dies wird bis zu viermal gesteigert, bis das Bein gewechselt wird.

Musikalischer Zehenspitzengang (KV 41)
Die Kinder stellen sich auf Zehenspitzen. Nun wird ein Bewegungslied gesungen und die Kinder machen die entsprechenden Bewegungen dazu. Es bietet sich z. B. das Lied „Das ist gerade, das ist schief" an. Natürlich gibt es zahlreiche Lieder, die sich dafür eignen. Es können auch klassische Lieder von einer CD angehört werden und die Kinder laufen zum Rhythmus der Musik auf Zehenspitzen durchs Klassenzimmer.

Socken ausziehen für Fortgeschrittene (KV 41)
Bei dieser Übung haben die Kinder die Aufgabe, ihre Hausschuhe und Socken auszuziehen. Allerdings dürfen sie dabei ihre Hände nicht benutzen. Somit müssen sie mit dem anderen Fuß versuchen, ihre Schuhe und Strümpfe auszuziehen, was eine große Herausforderung für das Gleichgewicht ist. Es bietet sich an, diese Aktion vor einer Übung zu machen, bei der die Schüler barfuß sein sollen, wie z. B. dem Fußkünstler.

6.1.4 Konzentrationsförderung durch schnelle Reaktion (KV 42)

Bei den folgenden Sofortmaßnahmen ist blitzschnelles Reagieren gefordert. Dies hilft den Kindern dabei, sich zu fokussieren und es kommt zu einem Konzentrationsschub.

Bewegungsdirigent (KV 42 + KV 43)
Bei diesem Spiel gibt es Karten mit geometrischen Formen (vgl. KV 43), die jeweils für eine vorgegebene Bewegung stehen. Wird z. B. das Dreieck von der Lehrkraft gezeigt (diese Rolle kann natürlich auch von einem Schüler übernommen werden), müssen sich alle Kinder unter den Tisch setzen. Beim Kreis müssen alle hoch in die Luft springen, beim Viereck sich einmal rechtsrum drehen usw. Hier kann man die Kinder kreativ werden lassen, wobei die Anzahl der Symbole mit zunehmendem Konzentrationsvermögen der Schüler nach und nach gesteigert werden kann.

Rhythmus auf Reisen (KV 42)
Für dieses Reaktionsspiel stehen alle Kinder im Kreis und geben sich die Hand. Hat man einen markierten Stehkreis (vgl. Kap. 3.2.2), ist dies ohne großen Zeitaufwand möglich. Die Lehrkraft beginnt, indem sie die Hand des Kindes rechts von ihr beliebig oft drückt. Dieses Kind muss sich gut konzentrieren und das Gefühlte genauso weitergeben. Noch hört sich das ganz einfach an, aber schon, wenn man nicht mehr nur auf die Anzahl, sondern auch den Rhythmus der Handdrücke achten muss, z. B. lang-kurz-kurz-lang, ist die Aufgabe nicht mehr so einfach. Zu einer echten Herausforderung für die Konzentration der ganzen Klasse wird es, wenn gleichzeitig noch ein Rhythmus in der Gegenrichtung weitergegeben wird.

Stehen die Kinder so im Kreis, dass sie alle auf den Rücken des Vordermanns schauen, kann ein Rhythmus auch durch Klopfen auf den Rücken, die Schultern, die Arme oder die Beine weitergegeben werden, sodass man sich neben Anzahl und Takt auch das Körperteil merken muss. Vorher wird mit der Klasse vereinbart, welche Körperteile erlaubt sind.

Da es bei dieser Variante schwierig ist, gleichzeitig einen zweiten Rhythmus in Gegenrichtung loszuschicken und so die Kinder je nach Klassengröße recht lang warten müssen, bis sie an der Reihe sind, bietet es sich an, einen Außen- und einen Innenkreis zu bilden.

Klatschchaos (KV 42)

Die Kinder knien im Kreis auf dem Boden und legen die Hände vor sich auf dem Boden ab und zwar so, dass die linke Hand unter dem Arm des Nachbarn „durchgefädelt" ist und die rechte Hand über den Arm des anderen Kindes langt. Die Lehrkraft oder ein ausgewähltes Kind beginnt und klatscht einmal mit der rechten Hand auf den Boden. Nun wird das Klatschen weitergegeben, wobei die Hände, so wie sie am Boden liegen, der Reihe nach dran sind, d.h., das Kind zwei Plätze weiter klatscht mit seiner linken Hand, dann das Kind einen Platz weiter mit seiner rechten Hand usw.

Abb. 54: Klatschchaos

Sobald zweimal auf den Boden geklatscht wird, ändert sich die Richtung. Klatscht ein Kind nicht mit der flachen Hand, sondern zweimal mit der Faust, springt das Kommando an das gegenübersitzende Kind. So ist gewährleistet, dass alle Kinder zu jeder Zeit aufmerksam sind. Bei dreimaligem Klopfen mit der Faust nennt das Kind einen Namen, wer jetzt an der Reihe ist. Immer wenn ein anderes Kind außerhalb der Reihe das Kommando übernimmt, geht es automatisch nach rechts weiter.

Natürlich kann das Klatschchaos auch mit den Füßen durchgeführt werden. Jetzt gilt das Klopfen mit der Ferse als Faust.

6.1.5 Konzentrationsförderung durch Kim-Spiele (KV 44)

Bei Kim-Spielen stehen die einzelnen Sinneskanäle besonders im Vordergrund. Es geht also um bewusstes Sehen, Hören, Tasten, Riechen und Schmecken. Die Bezeichnung „Kim-Spiel" wurde von Rudyard Kiplings Roman „Kim" geprägt. In dem Buch geht es um den dreizehnjährigen Jungen Kim, der in Indien lebt. Dieser macht Bekanntschaft mit einem Hindu-Jungen, der in der Lage ist, viele Gegenstände mit einem Blick zu erfassen und sie sich zu merken. Kim möchte diese Fähigkeit auch erlernen und so übt der kleine Junge jeden Tag mit ihm, sodass Kim nach einigen Tagen schon fast so gut ist wie sein Lehrmeister. Bei Kims weiteren Abenteuern profitiert er von seiner neu erlernten Fähigkeit (vgl. Thiesen 2013, 37).

Kim-Spiele trainieren spielerisch das Arbeitsgedächtnis der Kinder, da sie eine bestimmte Anzahl an Gegenständen präsent halten müssen. Die verwendete Anzahl wird dabei an die aktuelle Kapazität des Arbeitsgedächtnisses der Kinder angepasst.

Schatten-Kim-Spiel (KV 44)

Auf den Tageslichtprojektor werden verschiedene Gegenstände gelegt, z.B. ein Spitzer, ein Radiergummi, ein Bleistift, ein Kugelschreiber, ein Lineal usw. Die Schüler merken sich genau, welche Gegenstände zu sehen sind. Jetzt wird der Tageslichtprojektor ausgeschaltet und heimlich (evtl. verdeckt durch ein Heft oder ein Tuch) ein Gegenstand entfernt. Wird der Tageslichtprojektor wieder angeschaltet, müssen die Kinder aus ihrem Gedächtnis abrufen, welche Gegenstände zuvor zu sehen waren und diese mit den aktuell sichtbaren abgleichen, um auf den fehlenden Gegenstand zu kommen. Jedes

Kind schreibt die Lösung in sein Konzi-Heft. Dies ist ein Heft, das speziell für Konzentrationsübungen verwendet wird, um schnell Dinge notieren zu können.

Haben die Kinder bereits Übung in Kim-Spielen, können auch zwei oder mehr Gegenstände entfernt werden. Besonders anspruchsvoll wird es, wenn Dinge nicht nur weggenommen, sondern ausgetauscht werden oder sich die Veränderung auch auf die Raum-Lage-Beziehung der Gegenstände bezieht. Jetzt müssen die Kinder z.B. erkennen, dass der Pinsel mit dem Buntstift den Platz getauscht hat.

Als Variante können statt der Schulmaterialien auch Dinge passend zum aktuellen Sachunterrichtsthema verwendet werden, sehr gut geeignet sind z.B. Tierfiguren.

Möchte man besonders das räumliche Denken der Klasse fördern, eignen sich Steckbausteine, um daraus Türme zu bauen. Die Steine werden auf den Tageslichtprojektor gelegt. Die Kinder müssen erkennen, ob ein Turm jetzt statt drei nur noch zwei Steine hat oder ein kurzer Stein durch einen langen Stein ersetzt wurde.

In modernen Klassenzimmern findet sich vielleicht gar kein Tageslichtprojektor mehr. Dann können die oben beschriebenen Spiele auch mit dem Smartboard umgesetzt werden. Eine Konzentrationsübung, die besonders gut mit dem Smartboard durchgeführt werden kann, ist das schrittweise Aufdecken von einem Bild oder das Herauszoomen, sodass erst nur ein kleines Detail zu sehen ist und sich das Blickfeld immer mehr vergrößert.

Kinder-Kim-Spiel (KV 44)
Je nach Klassengröße stellen sich z.B. fünf Kinder vor die Tafel, weitere fünf Kinder schauen sich diese ganz genau an und gehen dann vor die Tür. Die verbliebenen Schüler dürfen nun an den Kindern vor der Tafel Veränderungen vornehmen, die sich z.B. auf die Kleidung, die Frisur, Accessoires oder auch die Reihenfolge, in der die Kinder dastehen, beziehen können. Werden die wartenden Kinder wieder hereingerufen, sind alle gespannt, welche Veränderungen ihnen auffallen.

Erdmännchen-und-Adler-Kim-Spiel (KV 44)
Die Klasse wird in zwei Gruppen eingeteilt: die Adler und die Erdmännchen. Die Adler setzen sich in eine Ecke des Klassenzimmers, die Erdmännchen in eine andere. Je nach Klassengröße werden zwei bis drei Kinder ausgewählt, die sich nun genau merken müssen, welches Kind in welche Gruppe gehört. Sie gehen vor die Tür. Währenddessen tauschen die anderen Kinder willkürlich die Plätze. Die Kinder werden von draußen hereingeholt und müssen alle Tierarten wieder richtig sortieren.

Eine noch größere Herausforderung für die Konzentration ist es, wenn die Klasse in drei oder sogar vier Tierarten, z.B. nach Löwen und Schlangen, eingeteilt wird.

Klassenzimmer-Kim-Spiel (KV 44)
Alle Kinder schauen sich genau im Klassenzimmer um und prägen sich dabei möglichst viele Details ein. Jetzt schließen sie die Augen und die Lehrkraft oder ein ausgewähltes Kind verändert etwas im Klassenzimmer, z.B. wird die Tafel, die vorher oben war, nach unten geschoben (hier gibt es auch gleich einen auditiven Hinweis mit dazu) oder ein Bild wird abgehängt und ein Blumentopf eine Fensterbank weiter gestellt.

Auf ein akustisches Signal hin, z.B. eine Triangel, öffnen alle Kinder die Augen und suchen nach der Veränderung. Haben sie diese entdeckt, schreiben sie die Lösung in ihr Konzi-Heft.

6.1.6 Konzentrationsförderung durch Steigerung der auditiven Aufmerksamkeit (KV 45)

Bei den folgenden Sofortmaßnahmen liegt der Fokus auf der auditiven Aufmerksamkeit. Bedenkt man, mit wie vielen Reizen die Kinder im Unterricht tagtäglich konfrontiert sind (vgl. Kap. 1.1), ist es eine willkommene Abwechslung für das Gehirn, sich ganz auf einen Sinneseindruck konzentrieren zu dürfen.

Geräuscheraten (KV 45)
Alle Kinder schließen die Augen, die Lehrkraft oder ein ausgewähltes Kind blättert z. B. in einem Buch, öffnet und schließt eine Schranktür, schreibt mit Kreide etwas an die Innenseite der Tafel usw.

Hören die Kinder ein vorher vereinbartes Signal, z. B. die Triangel, öffnen sie die Augen und schreiben alle Geräusche, die sie erkannt haben, in ihr Konzi-Heft.

Glöckchenspiel (KV 45)
Bei diesem Konzentrationsspiel stehen vier Kinder mit Glöckchen in den Ecken des Klassenzimmers. Alle anderen Kinder haben die Augen geschlossen. Die Kinder mit den Glöckchen müssen sich nonverbal mit Handzeichen verständigen, wer läuten darf. Die Klasse zeigt in die Richtung, aus der sie ein Glöckchen gehört hat.

Schwieriger wird es für beide Kindergruppen, wenn nicht nur vier, sondern sechs Glöckchen im Klassenzimmer verteilt sind.

Wo ist Konzi? (KV 45)
Alle Schüler schließen die Augen. Ein Kind wird von der Lehrkraft als Konzi bestimmt und darf sich mit einer Rassel in der Hand leise durch den Raum bewegen. Hat ein Kind den schleichenden Konzi wahrgenommen, zeigt es mit dem Finger in die Richtung, in der es ihn vermutet und verfolgt seine Bewegung. Ruft die Lehrerin „Augen auf!“, können die Kinder selbst überprüfen, ob sie richtigliegen.

Nach einem Durchgang darf ein anderes Kind Konzi sein.

Klangwald (KV 45)
Im Klassenzimmer verteilt stehen Klangbäume in Form von Kindern, die ein Rhythmusinstrument in der Hand halten, z. B. Klanghölzer, Holzblocktrommel, Triangel, Zimbeln usw. Fünf Kinder bekommen Augenbinden (vgl. KV 50), da es im Wald schon so dunkel ist, dass gar nichts mehr zu sehen ist. Die Klangbäume wollen nicht berührt werden. Sobald sich ihnen ein Kind nähert, machen sie sich durch ihr Musikinstrument bemerkbar. Wer schafft es auf die andere Seite des Klassenzimmers, ohne einen Baum zu berühren?

Wörter-Detektor (KV 45)
Eine Übung, die sich ohne großen Aufwand immer einsetzen lässt, ist der „Wörter-Detektor“, bei dem die Schüler bei einem vorher festgelegten Wort in die Hände klatschen. Die Übung kann immer dann eingesetzt werden, wenn die Lehrkraft eine Geschichte erzählt oder vorliest und die Kinder sich auf ein bestimmtes Wort besonders konzentrieren sollen. Denkbar ist z. B. ein Fachbegriff aus dem Sachunterricht oder ein bestimmter Inhalt aus dem Fach Deutsch. Die Schüler könnten z. B. immer dann klatschen, wenn sie ein zusammengesetztes Namenwort hören. So kann die Sicherung von Unterrichtsinhalten mit einer Konzentrationsübung verknüpft werden.

6.1.7 Konzentrationsförderung durch Bewegung (KV 46)

Bewegung ist Treibstoff für das Gehirn und liefert auch der Konzentrationsfähigkeit neuen Schwung (vgl. Kap. 4.1.3, Kap. 7.5). Eine kurze Bewegungseinheit ist bei nachlassender Konzentration immer eine gute Idee!

Schwammschlacht (KV 46)

Benötigt wird ein Spielfeld mit einer Mittellinie, die z. B. durch ein Seil oder einen Klebestreifen gekennzeichnet ist. Die Klasse wird in zwei Gruppen aufgeteilt. Jede Gruppe begibt sich auf ihrer Spielfeldseite in Startposition. Dazu setzen sie sich zunächst auf den Boden, stützen sich mit den Händen hinten auf und heben den Po an („Krebsposition"). Nun kommen die Schwämme ins Spiel. Es werden ca. 40–60 bunte Haushaltsschwämme ins Spielfeld geschüttet. Jede Gruppe muss versuchen, so wenig Schwämme wie möglich in der eigenen Hälfte zu haben. Zu diesem Zweck dürfen sämtliche Körperteile eingesetzt werden.

Noch mehr Bewegung kommt ins Spiel, wenn man statt der Schwämme Tischtennisbälle verwendet.

Zum Zeitmessen eignet sich eine Sanduhr oder ein Time Timer. Je nach Ausdauer der Schüler kann pro Runde 2 bis 5 Minuten gespielt werden. Dann können alle wieder mit frischer Konzentration zurück an die Arbeit gehen.

Bewegungslieder und Fingerspiele (KV 46)

Fast jedes Fingerspiel lässt sich so abwandeln, dass konzentrationsfördernde Elemente vorkommen, wobei das Aufsagen des Reimes und die gleichzeitigen Fingerbewegungen an sich bereits die Konzentrationsfähigkeit unterstützen (vgl. Korte 2011, 56).

Folgende Tabelle zeigt ein Beispiel für ein Fingerspiel, das den Kindern viel Spaß macht und gleichzeitig einige der bereits angesprochenen Bereiche der Konzentrationsförderung aufgreift.

Fingerspiel	Bewegungen	Förderbereiche
10 kleine Konzis kommen aus dem Bau, sie wollen in die Schule gehn, da werden sie ganz schlau.	Kinder sind in der Hocke, Hände am Boden. Kinder springen auf, Hände nach oben.	Bewegung, Aktivierung
10 kleine Konzis zappeln wild umher, das ruhige, stille Sitzenmüssen fällt ihnen noch schwer.	Finger spielen Klavier, Kinder stellen sich auf Zehenspitzen und drehen sich einmal auf der Stelle.	Gleichgewicht Auslockern der Finger nach langer Schreibphase
10 kleine Konzis zappeln wild herum, auf Nacken, Schultern und dem Kopf, das finden sie nicht dumm.	mit Fingern Akupressur-Punkte auf dem Kopf, Nacken und den Schultern aktivieren	Akupressur-Punkte aktivieren

Fingerspiel	Bewegungen	Förderbereiche
10 kleinen Konzis fällt plötzlich etwas ein, sie stellen sich jetzt ganz geschwind auf ihr rechtes Bein.	auf ein Bein stellen, mit Fingern weiter auf Kopf usw. zappeln	Gleichgewicht Sich auf zwei Bewegungen gleichzeitig zu konzentrieren, fordert das Arbeitsgedächtnis.
10 kleine Konzis schwingen jetzt die Acht, das ist doch für uns super leicht, das wäre doch gelacht!	auf einem Bein stehen bleiben, mit zappelnden Fingern die Acht schwingen	Sich auf drei Bewegungen gleichzeitig zu konzentrieren, fordert das Arbeitsgedächtnis. liegende Acht zum Kreuzen der Körpermitte

Auch Bewegungslieder sind mit der Kombination aus Musik und Bewegung, beides an sich bereits konzentrationsfördernd (vgl. Kap. 4.1.3 und Kap. 7.5), eine besonders kindgerechte Form der Konzentrationsförderung, die sich durch den geringen Materialaufwand zudem jederzeit zur Rhythmisierung einsetzen lässt. Je nach Wahl des Musikstückes kann man Bewegungslieder entweder zur Aktivierung oder zur Entspannung verwenden.

Mit etwas Kreativität kann man auch bekannte Lieder kindgerecht umdichten. Aktivierend wirkt z.B. die Melodie von „We will, we will rock you". Die Kinder sitzen im Schneidersitz auf dem Boden und klatschen abwechselnd in die Hände und auf den Boden. Dazu singen alle: „Wir sind fit mit Konzi!"

Kurz & knapp:

Anregungen für Konzentrationsübungen mit der ganzen Klasse, um spontan reagieren zu können, wenn die allgemeine Konzentration nachlässt:

- kindgerechte Yoga-Übungen zur Aktivierung oder Entspannung
- Übungen aus der Kinesiologie steigern die Zusammenarbeit der verschiedenen Gehirnareale:
  - Aktivierung von Akupressur-Punkten
  - Übungen zur Kreuzung der Körpermitte
  - Übungen mit der liegenden Acht
- Balanceübungen
- Reaktionsspiele
- Kim-Spiele
- Spiele zur auditiven Aufmerksamkeit
- Bewegungsspiele

6.2 Gruppenübungen zur Wiederherstellung der Konzentration

Manchmal ist konzentriertes Arbeiten wieder möglich, wenn die Sozialform gewechselt wird. Gerade Kinder mit Konzentrationsschwierigkeiten sind dankbar, wenn sie sich nicht auf die ganze Klasse, sondern nur auf eine kleine Gruppe Mitschüler konzentrieren müssen. Dann bieten sich Gruppenübungen zur Wiederherstellung der Konzentration an, wie sie im Folgenden vorgestellt werden.

Da in den Kopiervorlagen jede Übung als kurze Beschreibung vorhanden ist, reicht es, jeder Gruppe diese Konzi-Karte und das benötigte Material zur Verfügung zu stellen. So können die Gruppen sofort loslegen, ohne dass Erklärungen durch die Lehrkraft notwendig sind. Dies ermöglicht auch einen Aufbau als Stationen.

Die Gruppengröße für die folgenden Übungen beträgt im besten Fall zwischen fünf und acht Kinder. Natürlich kann je nach Klassengröße variiert werden.

Deckeltransport (KV 47)

Für diese Konzentrationsübung benötigt jedes Kind einen Deckel, z. B. von einem Marmeladenglas. Da diese Deckel für verschiedene Spiele zum Einsatz kommen, lohnt es sich, einen größeren Vorrat anzulegen. Hierfür kann jedes Kind einige Deckel von zu Hause mitbringen.

Der erste Schüler beginnt und füllt kleine Gegenstände, wie z. B. Erbsen, kleine Knöpfe, Büroklammern o. Ä., in seinen Deckel. Dann gibt er den Inhalt des Deckels an seinen Nebenmann weiter, indem er ihn behutsam in dessen Deckel schüttet. Ziel ist es, dass die Gegenstände im Kreis weitergegeben werden, ohne dass etwas herunterfällt.

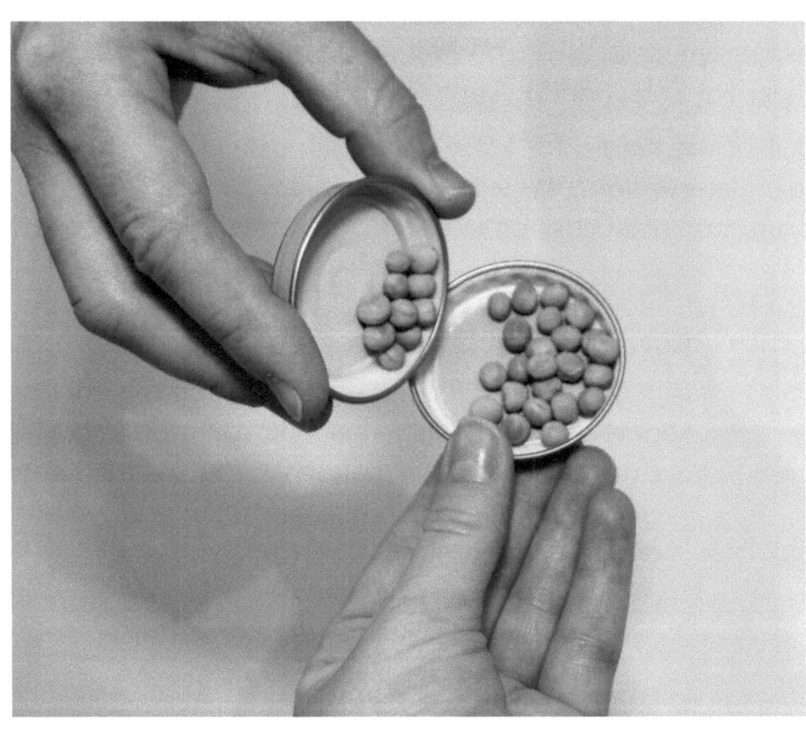

Abb. 55: Deckeltransport

Voll, voller, am vollsten ... (KV 47)

In der Kleingruppe wird reihum mit zwei Würfeln gewürfelt. Dann werden die Augenzahlen der beiden Würfel addiert und genauso viele Gegenstände, z. B. Knöpfe oder Kastanien, in eine Schachtel gelegt. Die Herausforderung ist, dass die Schachtel nicht überlaufen darf, sodass vor allem gegen Ende eine gute Auge-Hand-Koordination gefragt ist. Läuft die Schachtel über, ist das Spiel beendet.

Gruppen-Kim-Spiele (KV 47)

Alle oben beschriebenen Kim-Spiele (vgl. Kap. 6.1.5) können auch in der Gruppe durchgeführt werden.

Eine Variante, die sich besonders als Gruppenspiel eignet, ist das „Schachtel-Kim“. Hier werden auf einem Tisch verschiedene Schachteln aufgebaut. Die Mitspieler prägen sich die Position genau ein. Dann schließen alle die Augen oder verbinden sie (vgl. KV 50) und ein vorher bestimmtes Kind darf die Lage von einer oder mehreren Schachteln verändern. Wer hat am besten aufgepasst?

Bei einer Abwandlung des Schachtel-Kims geht es darum, die Schachteln nach bestimmten Kriterien anzuordnen, z. B. Größe, Beschriftung, Farbe, Anzahl der Bilder auf der Schachtel. Denkbar sind auch Muster, wie z. B. eine Schachtel hochkant, eine quer usw. Eine Gruppenbildung nach Kriterien des früheren Inhalts, wie z. B. alle Lebensmittelschachteln zusammen, alle Arzneimittelschachteln zusammen usw., ist ebenfalls möglich.

Ein oder zwei Kinder verlassen die Gruppe, während die anderen sich auf ein Sortierschema einigen und die Schachteln entsprechend anordnen. Die zurückkommenden Kinder versuchen, das Ordnungskriterium zu erkennen.

Geräuschekoffer (KV 47)

Hierzu benötigt man für jede Gruppe einen Koffer mit Gegenständen, mit denen man ein typisches Geräusch erzeugen kann, z. B. Wecker, Alufolie, Spitzer, Buch, Wäscheklammer, Reißverschluss, Fahrradklingel, Locher, kleine Tafel mit Kreide. Lässt man den Blick offen durch das Klassenzimmer schweifen, kommt man sicherlich auf viele Ideen.

Ein Kind setzt sich hinter den aufgeklappten Koffer und sucht sich einen Gegenstand aus, den es zum Klingen bringt. Wer ihn zuerst benennen kann, darf jetzt selbst hinter den Koffer gehen.

Fußsalat (KV 47)

Die Kinder sitzen barfuß auf Stühlen im Kreis. Jedes Kind hat ein Körbchen vor sich. In der Kreismitte liegen verschiedenfarbige Wollfäden. Jedes Kind versucht nun, möglichst viele Wollfäden mit dem Fuß zu angeln und in seinen Korb zu transportieren.

Anspruchsvoller wird es, wenn der Kreis größer ist und die Kinder stehen, sodass sie einige Schritte zurücklegen müssen, um den geangelten Wollfaden zu ihrem Korb zu bringen.

Als Variante können die Wollfäden nach Farbe sortiert werden. Jedes Kind hat dann die Aufgabe, nur Wollfäden einer bestimmten Farbe zu angeln.

Bezogen auf den Mathematikunterricht kann die Aufgabe auch zum Üben der 1×1-Reihen modifiziert werden. An jeden Wollfaden ist eine kleine Zahlenkarte gebunden. Die Körbchen sind mit den Namen der verschiedenen 1×1-Reihen beschriftet. Jetzt muss z. B. das Kind, das das 5er-Reihen-Körbchen hat, alle Wollfäden angeln, die mit 5, 10, 15 usw. beschriftet sind. Vor allem bei den Zahlen, die in mehreren 1×1-Reihen vorkommen, ist ein flinker Fuß gefragt.

Fliegender Teppich (KV 47)

Alle Kinder stehen im Kreis (je nach Klassengröße z. B. in drei Gruppen). Jeder hat eine Schnur in der Hand, die zu einem Holzbrett in der Mitte führt. Dieses muss nun gemeinsam angehoben werden. Schwieriger wird es, wenn auf dem Brett Bauklötze oder ein Stapelturm platziert wird, der nicht umfallen darf.

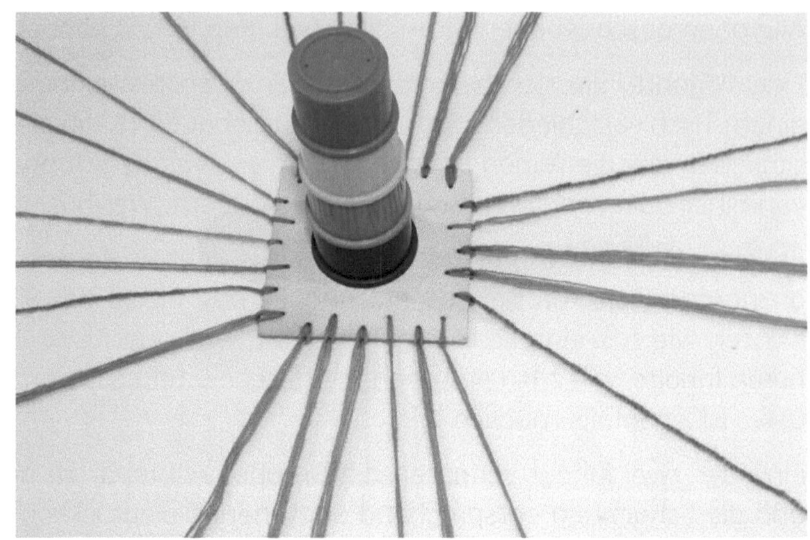

Abb. 56: Fliegender Teppich

Schwebender Stab (KV 47)

Hier haben die Kinder die Aufgabe, gemeinsam einen Meterstab anzuheben, der auf den Zeigefingern der Kinder aufliegt. Die Schwierigkeit besteht darin, dass keine sprachlichen Kommandos gegeben werden dürfen.

Konzi, Konzi, du musst wandern (KV 47)

Die Kinder sitzen im Kreis, ein Kind hält ein Erdmännchenplüschtier oder eine andere Figur in der Hand. Nun wendet sich das Kind an das Kind links neben sich und sagt z. B. „rechter Arm“. Das angesprochene Kind muss das Erdmännchen nun am rechten Arm greifen und wiederum an seinen linken Nachbarn weitergeben, indem er selbst ein beliebiges Körperteil des Erdmännchens benennt.

Schwieriger wird die Übung, wenn nicht nur das Körperteil des Erdmännchens vorgegeben wird, sondern auch die Hand, mit der zugegriffen werden muss. Das Kommando lautet dann z. B. „rechts“ „Schwanz“, das Erdmännchen muss also vom nächsten Kind mit seiner rechten Hand am Schwanz genommen werden.

Bällechaos (KV 47)

Die Kinder stehen um ihren Gruppentisch. Nach und nach werden drei Bälle ins Spiel gebracht, die sich in ihrer Größe deutlich unterscheiden, z. B. ein Flummi, ein Tischtennisball und ein Tennisball. Die Kinder rollen sich die Bälle gegenseitig zu, dabei darf aber jeder Ball nur auf die vorher abgemachte Art berührt werden. Die Regel kann z. B. lauten, dass der Flummi nur mit der rechten Hand gefangen und weitergerollt werden darf, der Tischtennisball nur mit der linken Hand und der Tennisball nur mit der Nase berührt werden darf.

Natürlich kann das Bällechaos auch auf dem Boden mit entsprechend größeren Bällen stattfinden.

Namensball (KV 47)

Dieses Spiel eignet sich besonders, um Unterrichtsinhalte, insbesondere Fachbegriffe, zu wiederholen bzw. zu üben. Die Kinder stehen im Kreis und jedes Kind überlegt sich einen Namen aus einem vorgegebenen Themenfeld, z. B. Vogelarten, Pilze, Laubbäume usw. Reihum nennt jeder seinen ausgedachten Namen. Ein Kind bekommt nun einen Ball und wirft diesen hoch, während es den Spielnamen eines Mitschülers ruft. Dieser muss den Ball auffangen und nennt nun seinerseits einen neuen Namen.

Bestehende Spiele nutzen

Nicht immer muss das Rad neu erfunden werden. Es gibt bereits zahlreiche Gesellschaftsspsiele, zum Teil echte Klassiker wie Mikado und Memory®, die in einen konzentrationsfördernden Unterricht integriert werden können. Auch Spiele wie Halligalli® oder Speed Cups® sowie generell Spielideen, die auf eine schnelle Reaktion abzielen, fordern und fördern die Konzentration (vgl. Kap. 7.8).

Kurz & knapp:

Anregungen für Konzentrationsübungen mit Kleingruppen:

- für einzelne Kinder, die sich nicht (mehr) gut konzentrieren können.
- als Stationenarbeit für die ganze Klasse

6.3 Partnerübungen zur Wiederherstellung der Konzentration

Beschränkt sich die soziale Interaktion auf einen Mitschüler statt auf die ganze Klasse, fällt manchen Kindern die Konzentration wieder leichter, da sich auch die Menge an äußeren Störfaktoren erheblich reduziert.

So kann bei allgemein nachlassender Konzentration entweder die ganze Klasse in Partnerarbeit die Konzentrationsübung durchführen oder wenn nur bestimmte Kinder einen „Konzentrationsboost" brauchen, können diese mit der Anleitungskarte aus den Kopiervorlagen und dem evtl. benötigten Material in den Nebenraum geschickt werden.

Da dank der leicht verständlichen Anweisungen auf den Konzi-Karten keine Erklärungen durch die Lehrkraft notwendig sind, können die Übungen auch als Zirkeltraining aufgebaut werden, das die Kinder paarweise durchlaufen.

Wackelturm (KV 48)

Auch für diese Übung kommen wieder Deckel zum Einsatz (vgl. 6.2.1). Jedes Paar benötigt ca. 20 Deckel, die abwechselnd zu einem möglichst großen Turm gestapelt werden sollen. Ob ein Deckel mit der Deckelober- oder Deckelunterseite aufgestapelt wird, darf der Spieler, der an der Reihe ist, selbst entscheiden. Welches Team schafft es, alle Deckel zu verbauen?

Als Variante können statt der Deckel auch Topfreiniger-Schwämme verwendet werden.

Abb. 57: Wackelturm

Lebender, heißer Draht (KV 48)

Für diese Übung benötigt jedes Team mehrere Gummiringe. Besonders eignen sich Einkochringe. Ein Kind streckt seinem Partner einen Arm hin. Die Finger dürfen nicht gespreizt werden. Das andere Kind versucht dann, die Einkochringe so über seinen Arm zu stülpen, dass es den Arm nicht berührt. Das Spiel ist beendet, wenn alle Gummiringe am Oberarm des Kindes angekommen sind oder wenn der Arm berührt wurde. Dann werden die Rollen getauscht.

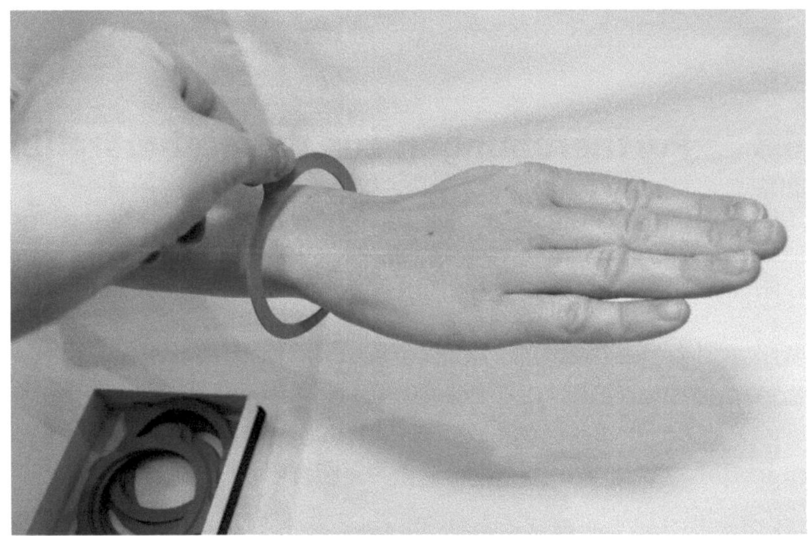

Abb. 58: Lebender, heißer Draht

Mengen zählen (KV 48)

Bei dieser Übung hat ein Kind die Augen geschlossen oder verbunden (vgl. KV 50) und streckt seine Hand aus. Das andere Kind legt seinem Partner eine beliebige Anzahl an Muggelsteinen auf die Hand. Diese Anzahl muss nun erraten werden. Schwieriger wird es, wenn leichtere Gegenstände, wie z. B. Knöpfe, eingesetzt werden.

Formenkopierer (KV 48)

Mit einem Schnürsenkel oder einem Pfeifenputzer legt ein Kind eine Form (passend zum Geometriethema), eine Zahl oder einen Buchstaben auf den Tisch. Das zweite Kind dreht sich solange um. Mit geschlossenen Augen darf es dann die Form ertasten. Daraufhin wird die Form mit einem Blatt Papier abgedeckt, das Kind darf die Augen öffnen und versucht die erfühlte Form nachzulegen. Zum Schluss werden die beiden Formen miteinander verglichen.

Gemälde-Memo (KV 48)

Jeder Partner malt auf seinem Zeichenblock ein vorgegebenes Bild passend zum Sachunterrichtsthema, z. B. einen Löwenzahn, einen Bäcker, ein Feuerwehrauto oder einen Bauernhof. Jetzt werden die Blätter getauscht, eine Sanduhr mit 30 Sekunden wird umgedreht und jedes Kind prägt sich das Bild des anderen genau ein. Nach Ablauf der Zeit werden die Blätter verdeckt und jedes Kind muss nun auf ein neues Blatt das Bild des Partners nachmalen. Wer hat das beste Gedächtnis?

Trinkhalm-Mikado (KV 48)

Ein Bündel Trinkhalme (gibt es auch recycelbar aus Papier oder Bambus) wird von einem Kind mit einer Hand umfasst und losgelassen. Der so entstandene Trinkhalmberg wird nun immer abwechselnd abgetragen. Dabei darf wie beim klassischen Mikado kein anderer Halm berührt werden. Sobald etwas zu wackeln anfängt, ist der Partner an der Reihe.

Vor Spielbeginn können sich die Mitspieler darauf einigen, welche Trinkhalmfarbe wie viele Punkte bringt und ihre erspielten Punkte dann entsprechend addieren.

Dschungelpfad (KV 48 + 49)

Die Kinder haben ein quadratisches Spielfeld mit acht mal acht Feldern. In jedem Feld steht eine Zahl. In den Kopiervorlagen (vgl. KV 49) ist der Zahlendschungel mit verschieden großen Zahlenräumen abgebildet. Jedes Kind bekommt 32 Spielsteine, mit denen es nun versuchen muss, einen Pfad durch den Zahlendschungel zu legen. Als Spielsteine eignen sich z. B. Knöpfe oder Muggelsteine. Alternativ erhält ein Kind einen blauen und das andere einen roten Folienstift. Für einen erfolgreichen Dschungelpfad muss man wie beim Spiel *Vier gewinnt* vier nebeneinander- oder diagonal hintereinanderliegende Felder mit seiner Farbe besetzen. Doch die Steine dürfen nicht irgendwie gesetzt werden! Bevor ein Kind einen Stein auf das Spielfeld legt, muss es erst würfeln. Der Stein darf jetzt nur auf ein Feld mit einer Zahl gelegt werden, die ein Vielfaches der gewürfelten Zahl ist. Ist kein Feld mehr frei, ist das andere Kind an der Reihe. Wenn die Kinder merken, wie praktisch

Abb. 59: Dschungelpfad

es ist, eine 1 zu würfeln, da damit z. B. auch die Felder 7, 11 oder 13 belegt werden können, ist dies auch gleich eine erste Heranführung an die Primzahlen. Da für eine optimale Konzentration neben der Überforderung auch eine Unterforderung vermieden werden soll, ist es für manche Kinder sicherlich spannend, wenn z. B. ein 10er-, 12er- oder 24er-Würfel verwendet wird. Das Zahlenfeld ist in den Kopiervorlagen auch als Blankovorlage vorhanden, sodass jedes beliebige 1×1 geübt werden kann.

Bei motorisch sehr unruhigen Kindern hat es sich in der Praxis bewährt, unter das Spielfeld eine Magnettafel zu legen. Werden nun als Spielsteine Magnete verwendet, kann nichts verrutschen und Frustrationen und Streit vermieden. Eine Moosgummi- oder Filzunterlage zum Würfeln sorgt dafür, dass keine anderen Kinder in ihrer Konzentration gestört werden.

Rückenrechnen (KV 48)

Die Verknüpfung von Konzentrationsförderung auf der einen Seite und fachlichem Unterrichtsinhalt auf der anderen Seite gelingt ebenfalls mit der Konzentrationsübung „Rückenrechnen". Immer zwei Kinder sitzen hintereinander, wobei der Rücken des vorne sitzenden Kindes als „Tafel" verwendet wird. Zunächst muss die Tafel geputzt, der Rücken also mit beiden Händen ausgestrichen werden. Ist die Tafel bereit, denkt sich das hinten sitzende Kind eine Rechenaufgabe aus und schreibt sie dem Partner auf den Rücken. Dieser muss genau „hinspüren", die Aufgabe laut wiederholen und darf dann das Ergebnis verkünden.

War alles richtig? Dann wird jetzt getauscht.

Partnermassage (KV 48)

Eine Möglichkeit die Kinder recht schnell zur Entspannung zu führen ist eine Partnermassage. Wichtig ist dabei, dass nicht direkt auf der Wirbelsäule massiert wird, sondern immer nur links oder rechts daneben. Auch muss zuvor ausgemacht werden, wo überall massiert werden darf. Manche Kinder genießen auch eine Massage der Arme und Beine, anderen ist es lieber, wenn nur der Rücken massiert wird.

Das Kind, das massiert wird, kann rückmelden, wie es sich anfühlt, wenn es mit den flachen Händen, den Fingerspitzen, den Fäusten (vorsichtig!), den Ellenbogen oder mit einem Igelball massiert wird. Dies unterstützt neben der Körperwahrnehmung bei beiden Partnern auch die Konzentration auf die Massage. Bestimmt fallen den Kindern noch mehr Massagevarianten ein.

Eine für die Kinder sehr ansprechende Form der Partnermassage ist das Erzählen einer kleinen Massagegeschichte, z. B. Anlegen eines Blumenbeetes, das Wetter schlägt Kapriolen oder Fahrzeuge im Straßenverkehr ... Auf der folgenden Seite finden Sie eine kleine Beispielgeschichte mit Massageanleitung.

Während es sich das eine Kind gemütlich macht, indem es sich z. B. bäuchlings auf eine Decke oder ein Kissen legt oder im Sitzen den Kopf auf den verschränkten Armen ablegt, „malt" das andere Kind gemäß den Anweisungen der Massagegeschichte, die von der Lehrkraft vorgelesen wird, auf den Rücken des Partners.

Anschließend erfolgt ein Partnerwechsel.

Beispiel für eine Massagegeschichte

Wische mit beiden Händen den Rücken deines Partners von oben nach unten ab.

Ganz unten am Rücken deines Partners schläft Konzi in seiner Erdmännchenhöhle.

Mit der Hand einen Kreis am unteren Rücken malen.

Jetzt wird Konzi wach. Er reckt sich und streckt sich.

Die Finger beider Hände spreizen.

Konzi krabbelt aus seiner Höhle.

Mit zwei Fingern über den Rücken laufen.

Neugierig trippelt er bis ganz nach oben und schaut erst über die linke Schulter und dann über die rechte Schulter.

Mit zwei Fingern seitlich der Wirbelsäule erst zur linken Schulter und dann zur rechten Schulter laufen.

Konzi hat Hunger. Er sucht sich Nüsse.

Mit einem Finger eine liegende Acht über den Rücken malen.

Konzi hat ganz viele Nüsse gesammelt. Beide Hände hat er voll. Jetzt muss er die Nüsse zurück in seine Erdmännchenhöhle bringen.

Die Fingerspitzen beider Hände hüpfen seitlich der Wirbelsäule langsam nach unten.

Zufrieden legt sich Konzi wieder in seine Höhle und deckt sich mit seiner gemütlichen Decke zu. Jetzt wird ihm ganz warm.

Eine Hand macht am unteren Rücken Kreisbewegungen.

Blindes Vertrauen (KV 48)

Ein Kind schließt die Augen bzw. bekommt eine Augenbinde (vgl. KV 50). Nun wird es von seinem Partner durch den Raum geführt. Allerdings dürfen sich die beiden Kinder nur an den Fingerspitzen berühren.

Zunächst sollte das führende Kind rückwärts vor seinem Partner her gehen und ihn an allen zehn Fingerspitzen berühren. Wenn sich beide sicher genug fühlen, können sie nach und nach immer einen Finger lösen. Vielleicht schaffen sie die Führung sogar mit nur einer Fingerspitze?

Es ist bekannt, dass, sobald ein Sinn wegfällt, die anderen Sinne besonders aktiv sind. Bei dieser Konzentrationsübung, die zudem auch eine Vertrauensübung ist, muss sich das geführte Kind ganz auf die Tastinformationen seiner Fingerspitzen konzentrieren.

Kurz & knapp:

Anregungen für Konzentrationsübungen in Zweierteams:

- für einzelne Kinder, die sich nicht (mehr) gut konzentrieren können
- als Partnerarbeit mit der ganzen Klasse
- verschiedene Konzentrationsübungen als Zirkeltraining

7 Praktische Tipps für die Eltern

7.1 Angstfreies Familienklima

„Kinder lernen gerne, man sollte alles Mögliche versuchen, ihnen nicht zu suggerieren, dass dem nicht so sei.“ (Korte 2011, 56)

Für ein gutes Lernen ist es wichtig, dass innerhalb der Familie ein Klima herrscht, das Kindern zeigt: Wir sind für dich da, egal was passiert. Das Kind muss dann keine Angst haben zu versagen, sondern hat die Sicherheit, dass es mit all seinen individuellen Stärken und Schwächen angenommen ist.

Um das Selbstvertrauen des Kindes zu stärken, sollten Eltern nicht mit Lob für erbrachte Anstrengungen sparen (vgl. Kap. 4.1.4). Hat ein Kind gerade eine schlechte Note im Deutschdiktat mit nach Hause gebracht, finden sich bestimmt andere Bereiche, in denen Anstrengungen und Erfolgserlebnisse gewürdigt werden können. Ein Lob bewirkt, dass das Kind stolz auf sich selbst sein und auch kommenden Herausforderungen motiviert und konzentriert begegnen kann. Die schlechte Note im Deutschdiktat sollte von den Eltern nicht überbewertet und das Kind schon gar nicht deshalb herabgewürdigt werden. Die Folge wäre ein negatives Selbstbild, das auch die Konzentrationsfähigkeit beeinträchtigt (vgl. Kap. 1.4).

Ebenso wichtig wie die Reaktion auf schlechte Schulnoten ist der Umgang mit guten Resultaten. Setzen Eltern Belohnungen ein, besteht die Gefahr, dass die Kinder eher extrinsisch motiviert werden und die innere Motivation langsam verloren geht. Dabei wäre die intrinsische Motivation, also das Interesse an der Sache, für das Gehirn ein ungleich größerer Motivator zur Konzentration.

Wer seinen Kindern trotzdem Anerkennung für ihre Leistungen zeigen möchte, wobei hierbei unabhängig der erzielten Noten auch die Anstrengung gewürdigt werden sollte, kann die Belohnungen variieren, z. B. mal ein Ausflug, ein Kinobesuch oder andere gemeinsame Aktivitäten.

7.2 Hausaufgaben ohne Stress

Gerade die Hausaufgabensituation ist in vielen Familien sehr stressbelastet. Vor allem wenn die Kinder Schwierigkeiten bei der Konzentration haben, ergeben sich immer wieder Konflikte.

Hier helfen feste Strukturen und Rituale, um die Konzentration zu fördern (vgl. Kap. 3.2) und die Hausaufgabensituation zu entspannen. Sinnvoll ist es, von Anfang an eine feste Zeit und einen festen Ort für die Erledigung der Hausaufgaben zu vereinbaren. Der Arbeitsplatz des Kindes wird zur spielzeugfreien Zone erklärt. Auch alle weiteren Störquellen, wie Radio, Fernseher, Handy oder auch lärmende Geschwisterkinder, haben hier nichts zu suchen.

Wie bereits in Kapitel 4.1.2 beschrieben, hilft es, den Berg an Aufgaben in kleine Etappen aufzuteilen. Bei jeder geschafften Teilaufgabe schüttet das Gehirn Dopamin aus, was wiederum einen Konzentrations- und Motivationsanstieg zur Folge hat. Manchen Kindern kommt es entgegen, wenn die Teilaufgaben auf Klebezettel notiert werden, die dann nach und nach entfernt werden.

Nach jeder Etappe sollte eine kurze Pause erfolgen. Hier kann das Fenster geöffnet, eine kleine gesunde Zwischenmahlzeit eingeschoben oder die Lieblings-Konzentrationsübung aus der Schule durchgeführt werden. Ein Küchenwecker sorgt dafür, dass die Pausen nicht vertrödelt werden. Wichtig ist, dass diese Pausen erst dann erfolgen, wenn die Aufgabe wirklich zu Ende gebracht wurde. Auch ein Hin- und

Herspringen zwischen den Aufgaben sollte vermieden werden. So kann sich das Kind voll auf die aktuelle Anforderung konzentrieren (vgl. Ettrich u.a. 2006, 61 ff.).

Zu den Hausaufgaben gehören nicht nur schriftliche Anforderungen, sondern auch das Lernen des Unterrichtsstoffes. Gerade Kinder, die Schwierigkeiten mit der Konzentration haben, tun sich leichter, wenn sie sich diesen laut vorsagen oder während des Lernens eine bestimmte Strecke im Raum ablaufen. Lernen die Kinder auf eine länger im Voraus angesagte Probe, sollte auch dieser Lernstoff in Etappen eingeteilt und auf mehrere Tage verteilt gelernt werden.

Folgende Struktur hat sich zur Durchführung der Hausaufgaben bewährt (vgl. Thorbrietz 2007, 76–78):

1. Besprechung der Reihenfolge
2. Festlegen der Pausen
3. Gemeinsames Herrichten des benötigten Materials (Sonst ist nichts auf dem Tisch!)
4. Erledigung der Aufgaben
5. Schulranzen für den nächsten Tag packen
6. Lob

7.3 Ausreichend Schlaf

Ausreichend Schlaf ist sowohl für das Wachstum als auch für die körperliche und seelische Entwicklung des Kindes dringend notwendig. Neun bis zehn Stunden Schlaf benötigt das kindliche Gehirn, um am nächsten Tag genügend Energie für volle Konzentrationsfähigkeit zu haben. Auch für das Lernen von Neuem gilt Schlaf als wichtige Voraussetzung. Bereits Gelerntes wird im Schlaf gefestigt.

Da sich der Schlaf jedoch nicht so einfach steuern lässt, ist es wichtig, Faktoren, die den Schlaf des Kindes stören, auszuschalten. In der Umgebung des Kinderzimmers sollte deshalb Ruhe herrschen. Fernsehgeräte sollten aus dem Kinderzimmer verbannt werden, da sie zum unkontrollierten Konsum verführen und das elektromagnetische Kraftfeld ebenfalls als Störfaktor gilt. Zudem sollte das Kind eine Stunde vor dem Zubettgehen nicht mehr fernsehen oder am Computer sitzen (vgl. Kap. 7.7).

Zwar sind klare Zu-Bett-geh-Regeln wichtig, doch da ein nicht müdes Kind nicht einschlafen wird, ist ein Spielraum von ca. einer Stunde hilfreich, sodass das Kind den genauen Zeitpunkt selbst bestimmen kann.

Gleichbleibende Rituale, wie das Vorlesen einer Geschichte, helfen dem Gehirn dabei, zur Ruhe zu kommen (gleichzeitig werden neue neuronale Verknüpfungen gebildet), und bieten Sicherheit. Am Morgen sollte das Kind genügend Zeit haben, um wach zu werden (vgl. Thorbrietz 2007, 60–62).

7.4 Gesunde Ernährung

Der Spruch „Man ist, was man isst“ trifft insbesondere auch im Zusammenhang mit der Konzentrationsfähigkeit zu. Im Verhältnis zu seinem Gewicht ist das Gehirn das Organ mit dem höchsten Energiebedarf (vgl. Nordengen 2018, 189). Fett und Zucker liefern zwar kurzfristig schnelle Energie, die aber auch schnell wieder verbraucht ist. Zu viel davon wirkt sich negativ auf die Konzentrationsfähigkeit aus, weil es die Bauchspeicheldrüse belastet. Die Folge sind Müdigkeit und Antriebslosigkeit. Auch vitamin-, mineral- und ballaststoffarme Ernährung beeinträchtigt die Hirnfunktion. Hingegen liefern Obst, Gemüse und Vollkorngetreide dem Gehirn langfristig Energie, weil sie langsamer abgebaut werden als Weißmehlprodukte. In Fisch, wie z.B. Hering, Makrele oder Lachs, sind Omega-3-Fettsäuren enthalten, die als besonders wichtig für die Nervenzellen des Gehirns gelten. Regelmäßige, gesunde, gemeinsame Mahlzeiten wirken deshalb hirnstoffwechselanregend und somit positiv auf die Konzentrationsfähigkeit des Kindes.

Es ist unrealistisch, Kindern im Alltag Süßes und Fast Food komplett zu verwehren. Doch es muss die Ausnahme bleiben und es sollte mit dem Kind besprochen werden, wie wichtig eine gesunde Ernährung ist. Süßigkeiten dürfen natürlich ab und zu erlaubt werden, jedoch nicht als Zwischenmahlzeit, sondern unmittelbar nach dem Essen, weil der Blutzuckerspiegel dann nicht so drastisch ansteigt. Nicht empfehlenswert ist es, Süßigkeiten als Belohnung z. B. für stressfrei erledigte Hausaufgaben einzusetzen. Dies kann unbewusst zu schlechten Ernährungsgewohnheiten führen, da dann auch noch im Erwachsenenalter (ungesundes) Essen als Belohnung empfunden wird.

Haben die Kinder am Morgen Zeit, in Ruhe zu frühstücken, haben sie einen guten Start in den Tag. Wenn ein Kind jedoch in der Früh einfach nichts hinunterbringt, ist z. B. auch ein selbst gemachter Milchshake mit Banane oder Erdbeeren eine gute Alternative. Ein gesundes Pausenbrot mit einem Vollkornbrot, Obst, Gemüsesticks und vielleicht noch ein Joghurt als Eiweißlieferant hilft dem Kind, über den langen Schultag hinweg seine Konzentration aufrechterhalten zu können (vgl. Thorbrietz 2007, 65–68).

Zu einer gesunden Ernährung gehört unbedingt auch, ausreichend zu trinken, am besten Wasser oder ungesüßte Tees, damit das Gehirn nicht „austrocknet". In der Schule kann dies über die Trinkstation (vgl. Kap. 5.3.2) unterstützt werden, zu Hause kann z. B. das Ritual eingeführt werden, nach jeder geschafften Etappe bei den Hausaufgaben einen großen Schluck zu trinken. Bestimmt macht es dem Kind auch viel Freude, zu Hause für seine Familie eine Trinkstation z. B. mit Zitronenschnitzen oder Orangenscheiben herzurichten, bei der sich alle, immer wenn sie daran vorbeikommen, bedienen dürfen.

7.5 Bewegung

Wie wichtig Bewegung für die Entwicklung des Gehirns und die Konzentrationsfähigkeit ist, wurde bereits mehrmals betont. Deshalb sollten auch Eltern dafür sorgen, dass sich ihr Kind ausreichend bewegt. Am besten erfolgt diese Bewegung an der frischen Luft. Vielleicht kann das Kind dazu ermutigt werden, sich einen Sport auszusuchen, den es regelmäßig betreibt. Neben dem Spaß schafft dies einen zusätzlichen Leistungsanreiz. Denn „sich im Wettbewerb zu profilieren, in Stresssituationen die Nerven zu behalten und im Team zu funktionieren, sind alles Erfahrungen, die auch in der Schule hilfreich sind" (Thorbrietz 2007, 64).

Eltern fungieren immer als Vorbilder für ihre Kinder und sollten sich auch ihrerseits viel bewegen. Abgesehen vom Umweltgedanken schadet es auch der Konzentrationsfähigkeit von uns Erwachsenen nicht, wann immer möglich statt mit dem Auto mit dem Fahrrad zu fahren oder zu Fuß gehen und möglichst selbst Sport zu machen.

Auch bei der Kinderzimmereinrichtung gibt es zahlreiche Möglichkeiten, die Bewegungsfreude anzuregen, sei es mit einem Stockbett, das erklettert werden will, oder einer Schaukel an einem (tragfähigen!) Deckenbalken oder einfach einem Stapel Kissen und Decken, aus dem sich eine Höhle bauen lässt, in die man dann krabbeln kann. Beim Kauf von Sitzmöbeln kann darauf geachtet werden, dass diese durch ihre Federung und Lagerung der Sitzfläche die Motorik unterstützen.

7.6 Entspannung

Der Alltag von Kindern ist heute häufig eng getaktet. Viele erleben ein straffes Freizeitprogramm, weil Eltern ihre Kinder möglichst in allen Bereichen optimal fördern wollen. Doch ist Erholung für das Gehirn wichtig, um danach wieder bereit zur Konzentration zu sein (vgl. Thorbrietz 2007, 73 f.). Zusätzlich zu allen Freizeitaktivitäten aus den Bereichen Sport oder Musik gehören deshalb auch gezielte Pausen mit in die Alltagsplanung.

Manchmal müssen Kinder aber erst lernen, sich zu entspannen. Eltern können ihre Kinder darin unterstützen, zur Ruhe zu kommen, indem sie gemeinsam entspannende Konzentrationsübungen, wie Kinderyoga, progressive Muskelentspannung oder eine Massage ausprobieren. Manchmal reicht es aber auch, einfach zusammen auf dem Sofa zu sitzen, zu kuscheln und sich etwas zu erzählen.

7.7 Konzentrationsförderung durch Medienkompetenz

Smartphones, Tablets, Computer, Fernseher und Co. sind mittlerweile aus unserem Alltag nicht mehr wegzudenken. Eltern sorgen sich häufig um ihre Kinder, wenn diese ständig vor dem Computer sitzen oder stundenlang völlig in ihr Smartphone vertieft sind. Mit strikten Verboten kommt man bei Kindern oft nicht weit. Statt immer wieder endlose Diskussionen zu führen, wann der Fernseher oder Computer wieder abgeschaltet und das Handy wieder beiseitegelegt wird, sind verbindliche Regeln für alle effektiver und stressfreier. So wissen die Kinder genau, wann sie die Medien nutzen dürfen, aber auch, wann wieder abgeschaltet wird. Darüber hinaus ist ein generelles Verteufeln von Medien nicht sinnvoll. Wichtig ist ein verantwortungsvoller und kontrollierter Gebrauch von Medien im Alltag.

Zum Beispiel müssen Kinder erst lernen, mit dem Fernsehen, der Spielekonsole oder Computerspielen richtig umzugehen. So ist es gerade für jüngere Kinder kognitiv noch kaum möglich, die Fülle von Bild- und Toninformationen adäquat zu verarbeiten. „Die schnelle Folge der Fernsehbilder, die Hektik und Rhythmik des Tones und das Nichtverstehen von Sendungsinhalten tragen bei intensivem Fernsehkonsum entscheidend mit zur Nervosität, Überreiztheit und somit zum Konzentrationsmangel der Kinder bei“ (Thiesen 2013, 15).

Aus diesen Erkenntnissen ergeben sich zwei Konsequenzen für den Medienkonsum: zum einen der Inhalt und zum anderen die Dauer. So sollte bei Grundschulkindern 45 bis 60 Minuten am Tag nicht überschritten werden, wobei direkt nach der Schule und eine Stunde vor dem Einschlafen möglichst gar kein Medienkonsum stattfinden sollte. Dadurch kann sich das Gehirn nach der Schule auf das Überführen der neuen Lerninhalte vom Kurz- ins Langzeitgedächtnis konzentrieren. Dieser Vorgang würde durch Film- oder Computerspielszenen, die beim Kind große Emotionen auslösen, gestört, da dabei die Erinnerung an den im Kurzzeitgedächtnis gespeicherten Inhalt verdrängt wird (Korte 2011, 274). Abends braucht das Gehirn eine bildschirmfreie Zeit, um sich langsam aufs Schlafengehen vorzubereiten.

Doch auch der Nachmittag sollte nicht durch die Medienzeit dominiert werden, denn „Wer vor dem Fernseher sitzt, tobt zwangsläufig nicht mit Freunden durch die Wiesen, erklimmt nicht die Klettergerüste des nahegelegenen Spielplatzes oder fährt nicht Fahrrad“ (Korte 2011, 269). Nehmen Fernseher, Handy und Computer dem Kind zu viel Spielzeit, bleiben Bewegung und echte Sozialkontakte zu Gleichaltrigen auf der Strecke. Dieser Mangel an Spielmöglichkeiten führt bei Kindern zu unangenehmen Gefühlszuständen, wie z. B. Übererregbarkeit, Unruhe und Gereiztheit. Dass dies nicht gut für die Konzentrationsfähigkeit ist, liegt auf der Hand (vgl. Kap. 4.1.4).

Bezüglich des Inhalts gibt es durchaus für Kinder geeignete Sendungen, die auch Wissen vermitteln. Über das Internet können Informationen beschafft und Inhalte mithilfe von Lernspielen wiederholt werden. Computerspiele, die strategisches, vorausschauendes Denken erfordern, können durchaus zur Konzentrationsförderung beitragen. Allerdings darf aus neurologischer Sicht die Bedeutung von vielfältigen Sinnesreizen für das Lernen nicht unterschätzt werden und diese bekommt das Kind nur in der realen Welt mit echten Menschen und Gegenständen zum Anfassen.

Schauen Eltern gemeinsam mit ihren Kindern fern oder begleiten die Computernutzung, was generell zu empfehlen ist, können sie leicht beurteilen, ob die jeweilige Sendung oder Internetseite für die Kinder geeignet ist. Auch Kritiken in Fernsehzeitschriften oder Webseiten wie www.flimmo.de oder www.schau-hin.info geben Informationen. Auf keinen Fall sollten Kinder vor dem Smartphone, Computer oder Fernseher „geparkt" werden und auch im Kinderzimmer hat ein Fernseher nichts zu suchen, weil dies einen unkontrollierten Konsum zur Folge hat.

Fernsehsendungen, Handy- und Computerspiele, die Gewalt beinhalten, haben bei Grundschulkindern nichts verloren. Das gilt auch für ungeeignete Internetseiten, die von den Eltern mit kostenlosen Schutzfiltern blockiert werden können, wie z. B. www.jugendschutzprogramm.de, www.fragfinn.de oder www.parent-friends.de.

Ein kindgemäßeres Medium sind Hörspiele. Hier wird nicht die gesamte Aufmerksamkeit des Kindes beansprucht, sondern es kann sich nebenbei bewegen, basteln oder malen. Zudem lässt es mehr Freiraum für die eigene Fantasie (vgl. Korte 2011, 268 f.).

Wird Medienkompetenz nicht nur dahingehend verstanden, dass Knöpfe gedrückt und Bildchen angetippt werden können, sondern die Kinder die Programme dahinter in ihrer Arbeitsweise verstehen, bieten Medien auch echte Chancen zur Konzentrationsförderung. Kinder sind dabei in der Regel in hohem Maße intrinsisch motiviert und Ausdauer sowie logisches Denken und Problemlösen sind gefragt. Im Vordergrund steht dann nicht passives Konsumieren, denn auch wenn Kinder z. B. beim Fernsehschauen vollständig vertieft zu sein scheinen, darf dies nicht mit Konzentration verwechselt werden. Im Schlaf ist das Gehirn aktiver! Damit Medienkompetenz zur Förderung der Konzentrationsfähigkeit beiträgt, muss es um aktives Verstehen und kompetentes Anwenden gehen.

Spielerisch die Grundzüge des Programmierens begreifbar zu machen, versprechen z. B. Lernroboter. Kinder erkennen, dass Programme dazu da sind, um wiederkehrende Probleme zu lösen, d. h. das Problem muss erst einmal Schritt für Schritt analysiert und eine Lösung erarbeitet werden. Fehlschläge sind keine Misserfolge, sondern bieten nützliche, neue Informationen, die beim nächsten Versuch entsprechend berücksichtigt werden können.

Immer wieder kommen auch z. T. kostenlose Apps für Tablets und Smartphones auf den Markt, die, verpackt als Spiel, erste Coding-Kenntnisse vermitteln möchten. Beispielsweise muss sich bei der App Lightbot™ das Kind ganz darauf konzentrieren, mithilfe einer Reihe von Befehlen eine kleine Figur über verschiedene Felder fortzubewegen und lernt so ganz nebenbei echte Programmierlogik. Vor allem, wenn das Kind in einem fortgeschrittenen Level ermutigt wird, kleine Unterprogramme zu entwickeln, um Bewegungsabläufe zu vereinfachen, wird vermittelt, wie auftretende Probleme konstruktiv angegangen und Lösungen erarbeitet werden können.

Einen tieferen Einblick in Hard- und Software von Computer oder Tablet ermöglicht ein Bausatz, wie z. B. das Kano® Computer-Kit, bei dem zunächst der Computer bzw. das Tablet selbst zusammengebaut und schließlich (angeleitet) programmiert werden muss. Neben der Entwicklung einer echten Medienkompetenz ist auch hier die Motivation groß, so lange zu experimentieren, bis die aktuelle Problemstellung gelöst wurde. All dies trägt zu einer Haltung bei, die konzentriertes Arbeiten begünstigt.

7.8 Sinnvolle Freizeitgestaltung

Da Lernen nicht nur in der Schule, sondern immer und ein Leben lang stattfindet, ist es wichtig, wie Kinder ihre Zeit außerhalb der Schule verbringen. Eltern prägen in besonderer Weise das Freizeitverhalten ihrer Kinder. Es soll nun aber nicht der Eindruck erweckt werden, Kinder müssen in ihrer Freizeit nun auch noch mit speziellen Förderprogrammen überhäuft werden. Im Vordergrund steht der Spaß an gemeinsamen Aktivitäten mit der Familie oder mit Freunden.

Folgende Beispiele sind vielleicht banal und werden in den meisten Familien bereits so umgesetzt. Man sollte Eltern aber auch deutlich machen, dass es sich hierbei nicht um willkürliche Beschäftigungsmaßnahmen handelt, sondern um wertvolle Lernangebote, die von ihnen angeregt und unterstützt werden können.

Bewegungsangebote

Dass besonders Bewegung wichtig für die Gehirnentwicklung und somit für die Konzentration ist, wurde bereits mehrfach angesprochen (vgl. Kap. 4.1.3, Kap. 7.5). Deshalb sollten Eltern mit gutem Beispiel vorangehen und den Kindern viele Möglichkeiten zur Bewegung bieten. Egal ob der Besuch eines Spielplatzes, Spaziergänge im Wald (bei denen möglichst auf allen Baumstämmen balanciert und geklettert wird) oder Wettrennen und Fangspiele – jede Art von Bewegung trainiert auch das Gehirn. Natürlich ist auch die Mitgliedschaft im Sportverein eine Option.

Lesen und Vorlesen

„Lesen fördert die Konzentrationsfähigkeit wie keine andere kognitive Tätigkeit. Es ist eine Grundvoraussetzung für alles Lernen und Verstehen“ (Thorbrietz 2007, 91). Lesen bzw. Vorlesen aktiviert zahlreiche kognitive Prozesse. So muss zunächst die Bedeutung eines Textes entschlüsselt und Vorwissen aktiviert werden. Dabei entstehen innere Bilder, welche Fantasie benötigen. Auch sprachliche Fähigkeiten werden verbessert. Deshalb lohnt es sich, schon sehr kleinen Kindern häufig vorzulesen, auch um zum späteren Selbstlesen zu motivieren (Thorbrietz 2007, 91 f.).

Gibt es zu Hause ein breites Angebot an Büchern, die den Interessen des Kindes entsprechen und vielleicht eine gemütliche Leseecke, werden bestimmt auch vermeintliche Lesemuffel hin und wieder versehentlich ihre Nase in ein Buch stecken. Natürlich müssen nicht alle Bücher selbst angeschafft werden. Büchereien haben oft eine große Auswahl an attraktiven Kinderbüchern und darüber hinaus für jedes Alter zahlreiche Vorlese- und Mitmachangebote, die zum Lesen motivieren.

Auch die Vorbildfunktion der Eltern ist hier wieder gefragt. Verbringen diese ihre Freizeit lieber mit dem Lesen eines Kriminalromans, anstatt sich von jedem Krimi im Fernsehen berieseln zu lassen, wirkt sich dies auch auf das Leseverhalten ihrer Kinder aus.

Musizieren

Musizieren intensiviert vermutlich die Koordination und Verschaltung der beiden Gehirnhälften (vgl. Thorbrietz 2007, 94). So früh wie möglich sollten Kinder ein Instrument lernen. Auch das Hören von Musik fördert die Konzentration. Dies kann intensiviert werden, indem die Eltern das Kind auffordern, bei einem Lied nur einem bestimmten Instrument zu folgen oder im Rahmen eines kleinen Wettbewerbs zu schauen, wer am meisten Instrumente in einem Musikstück erkennt.

Malen und Basteln

Beim Malen und Basteln müssen sich Kinder auf ein bestimmtes Ziel konzentrieren und Stift oder Schere mit Sorgfalt führen, um ein gewünschtes Ergebnis zu erreichen. Egal ob Mandalas mit ihren symmetrischen Figuren, Bilderrätsel oder das Finden eines Weges durch ein gezeichnetes Labyrinth (vgl. Thorbrietz 2007, 95): Es gibt zahlreiche Bücher mit entsprechenden Ideen und auch das Internet bietet eine große Auswahl an Vorlagen, die sich die Eltern herunterladen und ihren Kindern anbieten können.

Darüber hinaus können Kinder immer wieder angeregt werden, ohne Vorlage selbst kreativ tätig zu werden, da die dazu notwendige Handlungsplanung, wie man zu dem erdachten Bastel- oder Malprodukt kommt und das Vorwegnehmen der einzelnen Schritte im Kopf in besonderer Weise die kindliche Konzentration fordert und fördert.

Empfehlenswert ist das gemeinsame Anlegen einer Bastelkiste mit verschiedenen Stiften, Wasserfarben, Kleber, Schere und einer Auswahl an Papier und Karton. Auch Alltagsgegenstände wie Papierrollen (von Toiletten- oder Küchenpapier) oder Joghurtbecher und Materialien aus der Natur wie Kastanien, Äste, Rinde oder Moos (lässt sich wunderbar mit einem Waldspaziergang verbinden!) können darin gesammelt werden. Oft reicht Kindern schon ein Blick in die Kiste für neue kreative Ideen.

Spiele

Regelmäßige Spielezeiten mit der ganzen Familie haben nicht nur eine soziale Komponente. Viele Gesellschaftsspiele trainieren auch die Konzentration (vgl. Thorbrietz 2007, 100 ff.). Das wohl bekannteste Spiel, bei dem besonders das visuelle Gedächtnis gefragt ist, ist Memory®, welches es in sämtlichen Ausführungen auf dem Markt gibt. Vielleicht wäre es auch eine tolle Bastelidee, aus Bildausschnitten der letzten Urlaubfotos, je zweimal ausgedruckt, selbst ein Memospiel zu erstellen. Als weitere Memovariante könnten die Paare, die es zu finden gilt, auch aus einem vergrößerten Bildausschnitt und dem Originalbild bestehen. Dies lässt sich mit einfachen, oft kostenlosen Bildbearbeitungsprogrammen leicht umsetzen und schult gleich noch die Medienkompetenz (vgl. Kap. 7.7).

Bei Puzzles ist die Konzentration auf Form- und Bilderkennung gefragt. Schach und andere Strategiespiele erfordern, dass Züge vorausgeplant und verschiedene Variationen im Kopf durchgespielt werden. Auch alle Geschicklichkeitsspiele wie Mikado, Seilspringen, Minigolf, Boccia oder Ringewerfen wirken sich positiv auf die Konzentration aus, da sie Körperbeherrschung und Aufmerksamkeit erfordern.

Kurz & knapp:

Eltern können die Konzentrationsfähigkeit ihrer Kinder auch zu Hause positiv beeinflussen:

- Kinder mit ihren Stärken und Schwächen annehmen und so ihr Selbstvertrauen stärken
- entspannte Hausaufgabensituation durch Strukturen und Rituale
- ausreichend Schlaf für eine positive Entwicklung von Körper und Geist
- gesunde Nahrungsmittel liefern Energie für das Gehirn
- Bewegung an der frischen Luft
- Erholungsphasen in den Familienalltag integrieren
- Maß- und planvoller Umgang mit Medien
- die freie Zeit sinnvoll gestalten

Liste der Kopiervorlagen

Strukturierende Materialien

KV 1: Materialkarten

KV 2: Visualisierter Tagesplan

KV 3: Sozialformkarten

KV 4: Lausch-Konzi-Karte

KV 5: Konzentrations-Akku-Auflade-Karte

KV 6: Super-Konzi-Karte

Materialien zur Konzentrationsförderung

KV 7: Kistenaufgabe „Schritte zählen“

KV 8: Kistenaufgabe „Körperformen fühlen“

KV 9: Kistenaufgabe „Spinnennetz-Falle“

KV 10: Tablettaufgabe „Magnetisches Labyrinth“

KV 11: Tablettaufgabe „Formen-Domino“

KV 12: Tablettaufgabe „Riechen“

KV 13: Tablettaufgabe „Schachteln schütteln“

KV 14: Tablettaufgabe „Speed-Stacking“

KV 15: Tablettaufgabe „Krawatte binden“

KV 16: Arbeitsmappe „Konzi tanzt aus der Reihe“

KV 17: Arbeitsmappe „Buchstaben-Spürnase“

KV 18: Arbeitsmappe „Farbwörter undercover“

KV 19: Arbeitsmappe „Treppauf – treppab“

KV 20: Arbeitsmappe „Faden-Wirrwarr“

Unterrichtsmaterialien

KV 21: Was brauche ich?

KV 22: Was stört mich?

KV 23: Innere und äußere Störfaktoren

KV 24: Konzi-Regeln für das Klassenzimmer

KV 25: Erarbeitung von Klassenregeln

KV 26: Toilettenschild

KV 27: Konzi-Rückblick

KV 28: Konzi-Kegel

Konzi-Karten

KV 29: SOS-Konzi-Karten zur Aktivierung beider Gehirnhälften

KV 30: Beidhändig zeichnen

KV 31: Beidhändig stapeln

KV 32: Knotenkunde

KV 33: SOS-Konzi-Karten zur Balance

KV 34: SOS-Konzi-Karten zur Entspannung

KV 35: Konzi-Karten Yoga-Übungen zur Aktivierung

KV 36: Konzi-Karten Yoga-Übungen zur Entspannung

KV 37: Konzi-Karten zur Aktivierung von Akupressur-Punkten

KV 38: Konzi-Karten zur Kreuzung der Körpermitte

KV 39: Konzi-Karten zur liegenden Acht

KV 40: Die Acht mal acht

KV 41: Konzi-Karten zur Balance

KV 42: Konzi-Karten zur Reaktion

KV 43: Bewegungsdirigent

KV 44: Konzi-Karten zu Kim-Spielen

KV 45: Konzi-Karten zur auditiven Aufmerksamkeit

KV 46: Konzi-Karten zur Bewegung

KV 47: Konzi-Karten für Gruppenübungen

KV 48: Konzi-Karten für Partnerübungen

KV 49: Dschungelpfad

Bastelanleitungen

KV 50: Bastelanleitung Augenbinde

KV 51: Bastelanleitung Augensäckchen

Literaturverzeichnis

- Bauer, Josef: www.lifekinetik.de, Stand November 2019
- Bläsius, Jutta (2006): Wahrnehmung und Konzentration fördern: Spiele mit Alltagsmaterialien für Vorschulkinder. Herder Verlag, Freiburg, Basel, Wien.
- Cattell, Raymond Bernard (1971): Abilities: their structure, growth and action. Houghton Miffin, Oxford.
- Dweck, Carol (2017): Selbstbild: Wie unser Denken Erfolge oder Niederlagen bewirkt. Piper Verlag GmbH, München.
- Ettrich, Christine; Murphy-Witt, Monika (2006): ADS – So fördern Sie ihr Kind. Gräfe und Unzer Verlag, München.
- Hasselhorn, Marcus (2005): Lernen im Altersbereich zwischen 4 und 8 Jahren: Individuelle Voraussetzungen, Entwicklung, Diagnostik und Förderung. In: Guldimann, Titus; Hauser, Bernhard (Hrsg.): Bildung 4- bis 8-jähriger Kinder. Waxmann Verlag GmbH, Münster.
- Häußler, Anne (2008): Der TEACCH Ansatz zur Förderung von Menschen mit Autismus. Einführung in Theorie und Praxis (2. Aufl.), Verlag modernes Lernen, Dortmund.
- Korte, Martin (2011): Wie Kinder heute lernen. Was die Wissenschaft über das kindliche Gehirn weiß. Wilhelm Goldmann Verlag, München.
- Nordengen, Kaja (2018): Wer schneller denkt, ist früher klug. Alles über das Gehirn. Wilhelm Goldmann Verlag, München.
- Schatz, Simone (2019): www.yogaraumsimoneschatz.jimdo.com, Stand November 2019
- Schnabel, Johanna; Voto, Elke (2019): Materialgeleitetes Arbeiten in der Grundschule: Das Komplettpaket zum strukturierten und selbstständigen Lernen in heterogenen Klassen. PERSEN Verlag, AAP Lehrerwelt GmbH, Hamburg.
- Schubert, Ines (2014): Praxisbuch Kopfgymnastik für Kinder. Mit kleinen Übungen aus der Kinesiologie das Gehirn aktivieren, Konzentration fördern, Denkblockaden lösen. Verlag an der Ruhr, Mülheim an der Ruhr.
- Spitzer, Manfred (2007): Lernen. Gehirnforschung und die Schule des Lebens. Spektrum Akademischer Verlag, München.
- Stenger, Christiane (2014): Lassen Sie Ihr Hirn nicht unbeaufsichtigt! Gebrauchsanweisung für Ihren Kopf. Campus Verlag GmbH, Frankfurt am Main.
- Tenzer, Andreas (2019): www.konzentrationlernen.de, Stand November 2019
- Thiesen, Peter (2013): Konzentration und Aufmerksamkeit entspannt fördern. Lambertus-Verlag, Freiburg im Breisgau.
- Thorbrietz, Petra (2007): Konzentration. Wie Eltern ihr Kind unterstützen können. Deutscher Taschenbuch Verlag, München.
- Von Kessel, Carola (2010): Das Knotenbuch für Kinder. Moses Verlag GmbH, Kempen.
- Wagner, Franz (2017): Akupressur. Heilung auf den Punkt gebracht. Gräfe und Unzer Verlag, München.